대영박물관에서 만나는 성경의 세계

대영박물관에서 만나는 성경의 세계

지은이 · 이종수
초판 1쇄 펴낸날 · 2000년 8월 10일
초판 2쇄 펴낸날 · 2000년11월 30일
펴낸이 · 김승태
편집 · 송복란
표지디자인 · 한영애
영업 · 김석주
등록번호 · 제2-1349호(1992. 3. 31)
펴낸곳 · 예영커뮤니케이션
　　　　110-616 서울 광화문우체국 사서함 1661
　　　　유통사업부 T. (02)830-8566 F.(02)830-8567
　　　　출판사업부 T. (02)2264-7211 F.(02)2264-7214
　　　　E-mail: jeyoungedit@chollian.net

ⓒ 이종수, 2000

ISBN 89-8350-189-8　　03230

값 4,500원

■ 잘못 만들어진 책은 교환해 드립니다

대영박물관에서 만나는 성경의 세계

이종수 지음

예영커뮤니케이션

차례

박물관 안내도

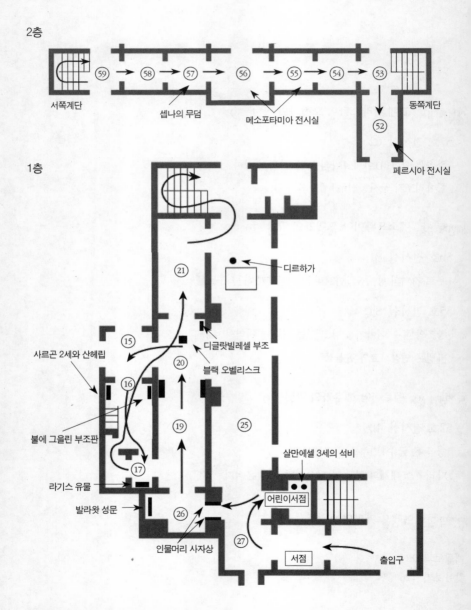

2층

서쪽계단
59 → 58 → 57 → 56 → 55 → 54 → 53
셉나의 무덤
메소포타미아 전시실
52
동쪽계단
페르시아 전시실

1층

21
디르하가
15
사르곤 2세와 산헤립
16
디글랏빌레셀 부조
블랙 오벨리스크
20
불에 그을린 부조판
17
19
25
라기스 유물
살만에셀 3세의 석비
어린이서점
발라왓 성문
26
인물머리 사자상
27
서점
출입구

아시리아의 궁내도 상상화 p. 34

살만에셀 3세의 블랙 오벨리스크 p. 39

전쟁의 상황을 지켜보는 산헤립 p.53

공성 장면에 대한 상상화 p.55

우르 지역에서 출토된 여인들의 장식품
p. 81

용도가 불분명한 받침대 p. 82

수산 성의 궁수 그림, 그 뒤편으로 아닥사스다 왕의 은식기를 전시한 진열장이 보인다
p. 109

아닥사스다의 은대접. 대접 둘레에 '크세르크세스의 아들, 다리우스의 아들'이란 글귀가 보인다 p. 117

연표

BC	서아시아	유다 · 이스라엘
3000	이집트·메소포타미아 문명의 전성	아브라함이 우르를 떠남 족장시대
2000	이집트 중왕국 함무라비 법전 편찬	1720년경 야곱이 이집트로 이주 이집트에서 유대민족의 성장
1500	아멘호텝 2세 파라오로 등극 히타히트 붕괴 페니키아인의 해상활동 헤브라이인 활동	1280년경 출애굽 광야시대 1240년경 요단 강 건넘 사사시대 1050 왕국의 시작 통일왕국
1000	아시리아의 오리엔트 통일 카르카라 전투 키루스 왕 바빌론 침공	930 왕국의 분열 722 이스라엘의 멸망 587 유다 : 바빌론 유수 538 예루살렘으로 돌아옴
500	페르시아 제국 멸망	페르시아 제국하의 포로생활 331~320 마케도니아의 통치 320~198 이집트의 통치 198~63 수리아의 통치 63~ 로마의 통치
0		AD 70 예루살렘 멸망

이스라엘과 유다의 역대 왕조표

(고딕체는 본문에 언급된 왕들임)

사울(BC 1043~1011)

다윗(BC 1011~971)

솔로몬(BC 971~931)

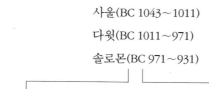

북이스라엘	분열	남유다
여로보암(BC 931~910년경)		르호보암(BC 931~914년경)
나답(BC 915~914년경)		아비야(BC 915~914년경)
바아사(BC 900~880년경)		아사(BC 900~880년경)
엘라(BC 886~885년경)		여호사밧(BC 886~885년경)
시므리(BC 876년경 일주일)		여호람(BC 876년경 일주일)
디브니(BC 885년경부터)		아하시야(BC 885년경부터)
오므리(BC 885~874년경)		아달랴(BC 841~835년경)
아합(BC 874~853년경)		요아스(BC 835~796년경)
요람(BC 852~841년경)		아마샤(BC 796~767년경)
예후(BC 841~814년경)		웃시야(BC 767~739년경)
여호아하스(BC 814~798년경)		요담(BC 751~735년경)
요아스(BC 798~782년경)		아하스(BC 735~715년경)
여로보암 2세(BC 781~753년경)		히스기야(BC 729~696년경)
스가랴(BC 753~752년경)		므낫세(BC 696~641년경)
살룸(BC 752년경)		아몬(BC 641~639년경)
므나헴(BC 752~743년경)		요시야(BC 639~608년경)
브가히야(BC 742~740년경)		여호아하스(BC 608년경 석 달)
베가(BC 739~732년경)		여호야김(BC 608~597년경)
호세아(BC 732~723년경)		여호야긴(BC 597년경 석 달)
아시리아에 멸망		시드기야(BC 597~586년경)
		그달리야(BC 586년경 일곱 달)
		바빌론 유수

추천의 글

구약을 이해하는 데 고대 근동 아시아의 배경에 대한 지식이 필수적이라는 점은 누구나 공감하고 있다. 역사적 상황이나 풍습이나 사상적 배경이 없으면 구약 이해는 피상적이 되기 쉬우며, 자칫하면 오해하거나 곡해할 위험이 크다. 그런 점에서 『대영박물관에서 만나는 성경의 세계』는 구약을 이해하는 데 큰 도움이 될 뿐만 아니라 이종수 목사가 직접 영국에서 유학을 하는 동안 여러 번 대영박물관을 방문하고, 성경을 연구한 경험들을 모아 펴낸 책이기에 책상머리에서 자료들만 가지고 만든 책과는 다른 현실감과 흥미를 느끼게 한다.

성경의 오므리 왕조를 언급하고 있는 살만에셀 3세의 블랙 오벨리스크, 북방 이스라엘을 무참히 여러 번 침공한 디글랏빌레셀의 이야기, 산헤립이 히스기야의 항복을 받는 장면, 이스라엘이 가나안을 정복할 당시의 가나안 상황을 잘 보여 주는 아마르나 서신과 하비루 이야기, 아합 왕의 상아궁 등을 이해할 수 있는 고고학적 자료들이 성경과 연관되어 쉽게 설명되어 있다. 게다가 성경과 연관된 고고학적 자료들을 번거롭게 늘어놓은 것이 아니라, 대영박물관에 소장된 유물들을 중심으로 풀어 나가고 있기에 더욱 흥미 있게 읽을 수 있다.

특별히 영국을 방문하는 사람들에게는 대영박물관을 들렀을 때 관람의 맥을 잡아 주며 가이드의 설명을 듣는 것과 같은 효과를 지니고 있기에, 관광 가이드로서도 손색이 없다.

20여 년 전 학부에서 함께 공부하던 저자가 본인이 전공하는 구약을 이해하는 데 도움이 되는 글을 써 주어 기쁘게 생각한다. 이 목사의 책은 구약을 이해하려는 목회자들과 신학생들은 물론 일반 평신도들에게도 큰 도움이 될 것이다.

총신대학교 신대원
구약학 교수 김지찬

프롤로그

이 책을 쓰기 위하여 여러 차례 대영박물관(British Museum)을 찾았다. 대부분은 이 자료에 대한 관심을 갖게 된 영국 유학시절 중의 방문이었고, 마지막은 귀국한 뒤 최종적인 자료 정리를 위해 들렀던 1999년 여름이었다.

마지막으로 방문했을 때의 박물관은 예전의 도서관이 있던 자리에 새 천년을 맞이하는 특별한 공간을 준비하려는 공사관계로 이곳저곳 비죽이 크레인이 솟아 있어 예전과는 다른 모습이었지만, 상설 전시관 단장 공사가 거의 다 끝나서 관람객을 맞이하는 데 별 불편함이 없어 보였다.

비가 그친 뒤, 여름 아침볕이 드는 박물관 앞뜰 벤치에 자리를 잡고 잠시 휴식을 취하며 새로 추가할 사진을 위한 도구들을 정리했다. 개장을 알리는 안내원들의 소리가 들리자, 아침부터 기다리던 관람객들은 그리스 신전의 모양을 본떠 만든 기둥들 뒤편의 박물관 입구로 몰려 들어갔다. 나는 벤치에 앉은 채 혼란이 줄어들기를 기다리면서 내가 이곳을 찾은 목적을 다시 한번 생각했다.

▷ 관람객들이 입
장하고 난 뒤의
한가한 박물관
앞뜰

유학시절 한인교회에서 여자 성도들의 구역모임을 인도한 적
이 있었다. 휴가에 이집트와 이스라엘 성지를 여행하느라 두 주
간 정도 모임에 빠진 집사님 한 분이 상기된 얼굴로 말씀하셨다.

"목사님, 이번 여행은 저에게 정말 은혜로운 시간이었어요. 전
이제까지 성경의 인물과 사건들이 그냥 성경에만 있는 그런
얘기인 줄 알았어요. 왜 있잖아요, 소설 같은. 어떤 목적을 위
해 실제 일어난 일같이 쓴 그런 글 말이에요. 그런데 그게 사실
이었다는 것을 이번 여행을 통해 깨달았지 뭐예요. 글쎄 가이
드 말이 이곳이 모세가 올라간 시내 산이고, 이 강이 모세가 떠
내려온 나일 강이라는 거예요. 얼마나 가슴이 떨리던지…. 목
사님 성경에 있는 일들이 정말 일어났던 일이란 게 맞지요?"

그때 무언가 성경이 역사적 실재임을 증거해 주는 자료를 마
련해 두어야겠다고 생각했다.

또 다른 이유는 이제 나라가 먹고 살 만한 수준이 되어 유럽을

여행하는 것이 예전처럼 어렵지 않은 시대에 살게 되었고 교인들도 그 혜택에서 빠질 이유가 없는 시절이 되었는데, 수많은 관광객들이 그러하듯이 교인들도 대영박물관에 와서 그저 이집트의 미라만 보고 우르르 다음 장소로 옮겨가는 것이 안타까웠다. 만일 이곳 52호 전시실에 이스라엘 백성들에게 고향으로 돌아가 너희들의 신을 섬겨도 좋다고 공포한 페르시아 왕 키루스(Cyrus, 고레스)의 칙령이 담긴 '원통서관'이 있다는 것을 알고도 지금처럼 이렇게 헝겊 뭉치로 둘둘 감긴 미라에게만 시선을 빼앗긴 채 돌아갈 수 있을까?

앞다투어 들어간 관람객들이 서로 몸을 부대끼며 몰려 있을 곳은 너무나 확실했다. 전시관 2층 61호실부터 시작되는 이집트의 미라 전시실이다. 그러나 나는 그 복잡한 61호실을 비껴서 그 옆에 나 있는 복도로 이어진 56호 전시실로 들어가 아브라함의 체취를 느꼈다. 별로 부대끼지 않는 공간 속에서 차분히 사진기에 필름을 갈아 넣으며 말이다.

2000년 7월의 여름날
생각에 잠겼던 대영박물관 앞뜰을 기억하며

* 일러두기
본문의 인명과 지명은 현재 우리 나라의 외래어표기법을 따랐고 성경의 표기는 괄호 안에 넣었다.

박물관 앞에서

대영박물관(British Museum)은 독특한 곳이다. 일단 입장료를 받지 않는다. 물론 그 유지비가 막대하기 때문에 최근 들어서는 2파운드 정도의 기부금을 자유롭게 내도록 권유하고 있지만 기본적으로는 무료다. 그래서 보고 싶은 것이 있을 때면 언제나 몇 번이고 볼 수 있다. 만일 이런 자유로움이 없었다면 이 책이 나오는 일은 만만찮았을 것이다.

입장료를 받지 않는다고 해서 빛 좋은 개살구 마냥 허섭스레기 같은 것 몇 개를 갖다 놓고 생색을 낸다고 생각해서는 안 된다. 이곳은 세계 인류의 공동유산이라고 할 만한 유물들이 산더미처럼 쌓여 있어 전시물들을 한 번씩이라도 보려면 사흘이나 걸린다. 물론 이 수많은 유물들이 영국 시내 한가운데 모이게 된 경위를 보면, 부당한 강제 점령이나 은근한 헌납 압력같이 영국인들이 부끄러워해야 할 일들이 많다. 그러나 그 결과 보전할 가치가 있는 유물들이 좋은 상태로 세계인들에게 전시되고 있으니 어쨌든 그 면만은 칭송할 만하다.

런던의 중심 러셀(Great Russell) 거리에 위치한 이곳은 1753년 한스 스로안(Hans Sloane)이 자신의 개인 소장품을 전시하기 위해 문을 열었고 차츰 세계 곳곳에서 기증받고 구매한 물품들로 인해 소장 규모가 늘어나게 되면서, 오늘날과 같은 인류 공동의 유산들로 꽉 찬 거대한 전시관이 되었다.

그 다양한 전시품들 중에 특별히 그리스도인들의 관심을 끄는 것은 성경과 관련한 유물들이다. 고대 메소포타미아 지역과 고대 근동지방에서 발굴되어 여기에 전시되어 있는 유물 가운데 적잖은 것들이 성경의 사건들과 관련 있는 것들이어서, 예전에는 그 사실성 여부가 왈가왈부되던 성경의 인물들과 사건들의 역사적 실재성을 입증하는 데 결정적인 도움을 주고 있다.

이제 그런 도움을 실제로 받을 수 있을지 박물관 안으로 들어가 보자. 여행의 순서는 시대순보다는 박물관 관람에 편리한 순서를 밟아 갈 것이다. 이곳은 사진 촬영을 할 수 있어 자신의 마음을 붙잡는 성경 속 인물을 만나게 되면 과감하게 사진을 찍는 일도 빠뜨릴 수 없는 재미일 것이다.

아시리아 제국과의 만남

열주(列柱)들 뒤편에 나 있는 중앙 입구를 통해 박물관으로 들어
서면 오른편에 이 건물의 옛 주인 한스 스로안이 하얀 대리석으
로 조각되어 손님들을 맞이하고 있다. 그 스로안이 응시하고 있
는 현관 입구의 왼편으로 박물관 방문자들에게 기념품과 관련
서적들을 팔고 있는 서점이 있다(사진 2). 이 서점을 따라 마련된
통로를 통해 잠시 걸으면 아시리아의 유물들을 전시하고 있는
27호 전시실에 다다르게 된다.

아시리아(Assyria, 앗수르)는 메소포타미아 일대를 장악했던
대제국으로 성경에서는 창세기 10장 노아의 후손들이 세계로 퍼
져 나가던 중 함의 아들 니므롯의 행적에서 처음으로 언급되고
있다.

그가 그 땅에서 앗수르로 나아가 니느웨와 르호보딜과 갈라와
(창 10:11).

그렇다면 아시리아의 기원은 기원전 4천 년까지 거슬러 올라
간다는 얘기다. 그러나 고대국가 대부분이 그러하듯이 그 나라
의 형성이 구체적으로 언제부터였는지를 말한다는 것은 여간 난
감한 일이 아닐 수 없다. 다만 사마쉬아닷(Samshi-Adad) 왕이 초
창기의 왕으로 언급된 기록이 있는데, 이때는 함무라비
(Hammurabi)가 고대 바빌론(Babylon, 바벨론)의 왕으로 있었고
이집트에는 힉소스(Hyksos) 왕조가 전통적인 이집트인들의 왕
조를 몰아내고 셈족의 왕권을 형성하고 있을 때라는 것만은 기
록을 통해 확인할 수 있다.

아시리아의 제국적 면모는 신아시리아 제국의 창건자인 두굴
티니누르타 2세(Tukulti-Ninurta II)가 군사력을 강화하여 주변의
왕국들을 흡수해 가면서 드러나기 시작했으며, 그의 아들 앗수
르바니팔 2세(Ashurbanipal II) 때 군대를 철병거로 무장하고 수
도 칼라(Kalat) 재건축을 통해 완성되었다. 이런 기세 속에서 아
시리아의 왕들은 아합(Ahab) 왕 시절인 기원전 853년경부터 이
스라엘(Israel) 민족이 살고 있는 가나안(Canaan) 땅을 위협하기
시작했다. 침략은 아시리아가 바빌론에 멸망하게 되는 기원전
612년까지 이어졌으며, 그 기록은 아시리아의 연감사료와 승전
기념비, 그리고 성경에 공통적으로 남아 이 박물관 한쪽에서 우
리를 기다리고 있다.

27호 전시실

살만에셀 3세의 석비
27호 전시실의 조명은 밝지 않다. 플래쉬의 도움을 받지 않고는
선명한 사진을 찍기가 힘들 정도다. 그 희뿌연한 조명 사이사이

로 때로는 거대하게 때로는 수줍은 듯 솟아오른 비석들이 방문
자들의 앞을 가로막는다. 비석들의 숲이다(사진 3).

　전시실은 별도의 칸막이 없이 비석들과 조각물들로 다른 전시
실과 자연스레 구분되어 있다. 그 열려 있는 공간의 오른쪽 구석
에는 어린이들에게 기념품을 파는 상점이 고대의 유적들과는 전

4 진열대 너머
보이는 두 개
의 석비

혀 어울리지 않게 생경한 모습으로 자리잡고 있다. 그 서점의 진
열대 너머 조명이 거의 사라진 어두움 속에 암회색 석비(石碑)
두 개가 쌍둥이 마냥 나란히 서 있다(사진 4). 두 석비 중에 오른
쪽에 있는 것이 우리의 첫 만남의 주인공인 살만에셀 3세
(Shalmaneser III)의 승전기념비이다.

　석비의 높이는 성인의 키를 넘는다. 예리한 도구로 슬쩍 긁기
라도 하면 부스러기가 떨어질 것 같은 부드러운 느낌의 표면이
지만 수천 년을 버텨 내려온 강인함도 보이는 암회색의 현무암
돌기둥이다. 석비에서 눈길을 끄는 것은 단연 자신들의 신들에
게 경배하는 살만에셀 3세의 모습이다. 그의 오른손 위에 나타난
작은 원형의 그림들은 그가 섬기는 신들이다(사진 5).

　그러나 이 그림만으로는 석비의 가치를 알 수 없다. 무슨 그림
인지, 조각된 형상이 누구인지, 뭘 하고 있는 장면인지 알 도리

가 없다. 단서는 그림의 경계선까지 빽빽이 들어차 있는 쐐기문 자들로서 살만에셀 3세 초반기에 벌어진 전투의 승리를 예찬하는 내용이다. 여기에는 살만에셀 3세에게 반기를 든 하맛 (Hamath) 왕 이르후리니(Irhulini)와 하맛의 동맹군으로 가담한 아람(Aram) 왕 벤하닷(Benhadad)과 이스라엘 왕 아합이 거명되어 있다.

이들이 동맹하여 싸운 전투가 카르카라(Karkara) 전투인데, 이 전투가 벌어지기 직전까지 아합과 벤하닷은 트란스요르단 (Transjordan) 지역을 놓고 국경분쟁을 계속하고 있었다. 결판을 내려고 벤하닷은 자신의 세력 밑에 있는 32왕을 이끌고 이스라엘의 수도 사마리아(Samaria)로 진격했다. 그러나 이 전투는 여호와의 도우심을 입은 소년군대의 활약으로 인해 이스라엘의 승리로 끝났다(왕상 20:19~21).

벤하닷은 이듬해에도 다시 침략해 왔다. 하지만 이번에도 벤하닷은 패배하여 아주 굴욕적인 조약을 맺고 생명을 유지하였다 (왕상 20:29~34). 이로써 이스라엘을 지속적으로 침략해 온 아람의 세력은 잠시 꺾여서 두 나라 사이에는 약 3년 간 평화가 유지되었다(왕상 22:1).

바로 이 평화로운 시기에 아시리아의 침공이 있었는데 자연히 이전까지는 적대적이었으나 이제는 공동의 적이 생긴 아람과 이스라엘은 연합하여 아시리아에 대항하였다. 벤하닷이 전차 1,200승, 기병 1,200명, 보병 2천 명을 동원하고 아합은 전차 2만 승과 보병 1만 명을 동원하여 카르카라에서 격돌했는데, 결과는 이스라엘 연합군의 승리였고 이로 인해 아시리아의 진출은 차단되었다. 그런데 재미있는 점은 이 석비는 살만에셀 3세의 대승이었다고 기록하고 있다.

나는 카르카라에 도착했으며 왕(아합)이 주둔하고 있는 진지를 봉쇄하고 파괴시켜 버렸다. 그는 다메섹의 벤하닷으로부터 전차 1,200승과 기병 1,200명, 그리고 2만 명의 보병군단의 지원을 받았으며 자신은 기병 2천 명과 보병군단 1만 명을 이끌고 나왔다.

살만에셀 3세는 계속하여 적군의 시체가 댐을 이루어 강이 막힐 정도가 되었으며 골짜기마다 적의 피로 넘칠 정도였다고 기록하여 이 전투에 대한 승리를 뽐내고 있다. 그리고 보면 이 석비의 그림이 신에게 경배하고 있는 장면인 이유도 이해가 된다. "이 엄청난 승리를 가져다 준 자신들의 신에게 경배하는 그림에다 그 승리의 내용이 담긴 글을 적어 넣는다." 너무나 자연스런 발상이 아닌가!

그러나 사실은 어떤가? 살만에셀의 진격은 중단되었으며 이스라엘 영토 내의 어떤 부분도 탈취하지 못한 역사적 사실을 살펴볼 때 그의 승리는 이 석비에 기록된 것같이 그렇게 대단하지는 않았던 것 같다. 특별히 성경은 어느 곳에서도 아합이나 벤하닷이 그럴 정도의 군사적 손실을 입었다고 말하는 부분이 없다.

성경은 이 전쟁 이후에 아합과 벤하닷의 동맹관계는 깨지고 서로 총력전을 시작했는데, 길르앗 라못(Ramoth-Gilead) 전투에서 이스라엘 왕 아합이 전사했다고 밝히고 있다(왕상 22:34~35). 한 쪽의 왕이 전사할 만큼 치열한 전투가 벌어지려면 서로가 국운을 걸었다는 얘기며, 싸움을 하기 위해서는 대규모의 군사가 동원되었을 것이 분명하다. 이 동원된 전투력을 감안한다면 카르카라 전투의 상황은 살만에셀 3세가 주장하는 것만큼 아합과 벤하닷에게 치명적인 군사적 손실을 입힌 것은 아닌 듯하다.

강대국의 오만함이 빚어낸 사실 왜곡이 엿보이는 글이지만 살

⑥ 날개 달린 인물
머리 사자상,
님루드 궁에서
발굴.

만에셀 3세의 명문(銘文)이 지니는 가치는 성경에 등장하는 지명과 인물들이 역사적으로 실재한 일들임을 밝혀 준 것이다. 또한 이 석비 앞에 서는 자들에게 성경을 다시 한번 펼쳐 볼 겸손함을 허락한다는 점이다.

자신들이 원하는 기념품을 고른 아이들이 터져 나오는 기쁨을 나지막한 목소리로 감추기 위해 애쓰고 있다. 내 마음속에도 감출 수 없는 기쁨이 솟구치려 하고 있다. 20세기의 끝에서 2800년 전의 인물들을 만난 것이다.

26호 전시실(님루드 전시실)

날개 달린 인물머리 사자상(像)
살만에셀 3세의 석비가 있는 어둠진 구석에서 님루드 전시실이라고 부르는 26호 전시실로 통하는 입구로 다가가면 관람객들의 걸음을 가로막는 아시리아의 신비한 문지기와 만나게 된다.

　머리는 인간형상을 하고 있고 사자의 몸통에 독수리 날개가
달려 있으며 다리는 소의 것이다. 살만에셀 3세의 석비와 마찬가
지로 사자의 몸통은 쐐기문자로 가득하다(사진 6). 이 복합적인
모양의 석상은 앗수르바니팔 2세의 새로운 수도 님루드
(Nimrud)에 세워진 왕궁의 왕의 접견실 현관 앞에 서 있던 것으
로(사진 7), 우리 나라의 해태상과 같이 왕궁을 지키는 수호신 역
할을 했던 것으로 추정된다.

　사람의 머리는 지혜를, 사자의 몸통은 용맹한 힘을, 소의 다리
는 근면함을, 날개는 제국의 위용을 상징한다고 한다. 자세히 보
면 다리가 다섯 개다. 다리 사이의 공간을 파내지 않았기 때문에
석상의 옆면에 다리 네 개를 부조 처리하고 앞면에 두 개를 부조
처리하면서 하나가 겹쳐지니까 다섯 개가 된 것이다. 그래서 이
조상(彫像)은 옆에서 보면 걸어가는 것 같고 앞에서 보면 정지해
있는 것 같은 느낌을 준다.

　그 문지기들을 지나 아시리아 왕을 접견하러 가는 소국(小國)
의 사신이나 왕들은 자신들을 굽어보는 이 괴력의 신비스런 짐
승 앞에서 그들이 만나게 될 강력한 왕의 이미지를 떠올리며 더

⑧ 발라왓의 성문모형

고개를 숙여 앞으로 나아갔을 것이다.

　이 석상은 성경의 사건과 직접적인 관련이 있지는 않다. 그러나 이 조각물이 차례로 이스라엘을 침범하고 압박하던 아시리아의 왕들이 살던 님루드의 궁전을 수호하던 것이라고 한다면, 이 앞을 지나간 이스라엘 사신들의 자취를 떠올려 볼 수도 있지 않겠는가? 더욱이 니네베(Nineveh, 니느웨)에서 발견된 같은 종류의 석상에서는 예루살렘을 공략한 산헤립(Sennacherib)의 이야기가 기록되어 있어 우리의 마음을 흥분케 한다.

살만에셀 3세의 발라왓 성문
위엄과 공포로 압도하고 있는 문지기들을 지나면 적갈색의 거대한 성문을 만나게 된다. 이 박물관에서 가장 작아 보이는 26호 전시실 전면 벽 꼭대기까지 서 있다(사진 8). 양피지 두루마리를 반쯤 편 것과 같은 형상으로 서 있는데 가까이 다가가 보면 나무

만으로 되어 있지 않고 위에서 아래까지 모두 여덟 줄의 띠가 둘
러져 있음을 볼 수 있다. 더 가까이 다가가 보자. 이 띠들은 범상
치 않다. 각각의 띠에는 세밀한 솜씨로 부조된 그림들이 어떤 이
야기를 들려주듯이 가득 차 있다. 무엇을 말하기 위한 것일까?

주변의 다른 유물들에 비해 이 성문은 그 색깔부터 신선한 느
낌을 준다. 오랜 세월을 견딘 것치고는 의외롭다 싶었는데 오른
편에 붙어 있는 설명서에 복원한 모조품이란 기록이 있다. 수천
년의 시간을, 그것도 반복적인 여닫이 과정과 수없이 겪었을 지
도 모르는 전란 속에서 성문이 견뎌 내지 못했나 보다.

그러나 모조된 성문의 왼쪽, 유리진열장 안에는 오랜 세월을
견뎌 온 바로 그 청동 띠가 자신이 겪어 온 수많은 경험을 가지
고 이 방에 머무는 사람들에게 말을 걸어온다. 바로 성문에 장식
된 여덟 줄 띠의 비밀이 드러나는 순간이다.

이 청동 띠들이 묘사하고 있는 장면들은 앞에서 얘기한 카르
카라 전투의 승리를 소재로 한 것이다. 아시리아의 전차들이 하
맛의 도시들을 공격하고 있는 모습이 보이고 아래로는 끌려오는

포로들의 모습을 묘사해 놓았다(사진 9). 이기지 못한 전투로 인해 손상당한 강대국의 자존심을 보상하는 것이라고나 할까? 아니면 후손들에게 곱씹을 수 있는 교훈을 제공하기 위해서일까? 어쨌든 사실과는 다른 내용의 조각이 20세기의 방문자들을 혼란스럽게 하고 있다.

2□호 전시실

성경의 기록과 일련의 아시리아의 유물에서 말하고 있는 사연 중 사람들은 과연 어떤 것을 진실로 받아들일지 궁금해하며 성문 오른편으로 빠져 나와 다음 여정지인 20호 전시실로 향한다. 26호 전시실과 20호 전시실 사이에는 19호 전시실이 복도처럼 길게 자리하고 있다. 중간에는 그 길이만큼 의자가 놓여 있어 관람객들의 휴식을 돕고 있다. 이 19호 전시실에 전시되어 있는 것들은 아시리아의 수도였던 님루드에서 발견된 부조조각들로 복도의 양쪽 벽은 아시리아인들이 섬기던 여신 이슈타르(Ishtar) 신전에서 출토된 벽조각들로 가득하다.

군데군데 놓여 있는 의자들로 인해 아시리아인들이라면 상상도 못했을 만큼 편한 자세로 관람객들은 그 조각들을 감상하고 있다. 복도 끝에는 방금 전에 26호 전시실의 입구에서 본 신비한 문지기와 거의 유사한 형태의 석상이 뒷모습을 보인 채 지나가는 관람객들의 긴 열을 굽어보고 있다. 이것은 사르곤 2세(Sargon II)가 세운 코르사바드(Khorsabad) 궁에서 옮겨다 놓은 것이라고 하니 아시리아 왕들의 궁전에는 이런 석상을 항상 세워 놓았나 보다.

이즈음에서 잠시 아시리아의 수도 변천사를 살펴보는 것도 아시리아인들의 유물을 이해하는 데 도움이 될 것 같다. 그들의 유물이란 것이 대개 왕궁에 있던 것들이니 말이다. 예전 제국의 왕들에게 수도는 단순히 국가 통치 기능 이외에도 자신의 통치력을 과시하는 선전용 의미가 강했다. 그래서 수도 이전에 막대한 인적·물적 비용이 들어감에도 불구하고 거의 모든 왕들이 수도를 새로 건설했다.

아시리아의 수도는 님루드(BC 880~710)를 시작으로 해서 코르사바드(BC 710~705) 그리고 니네베(BC 700~612)로 바뀌었다. 기원전 880년에 처음 수도를 옛 도시인 아시리아에서 님루드로 천도한 왕은 앗수르바니팔 2세이며 약 170년 동안 이곳을 수도로 사용했다. 후에 살만에셀 3세가 발라왓(Balawat)에 두번째 궁전을 지었으며, 디글랏빌레셀 3세(Tiglath-pileser III)와 살만에셀 5세는 따로 궁전을 짓지 않고 계속 이 님루드를 수도로 사용했다. 그 후 사르곤 2세가 코르사바드로 수도를 옮겼는데 이곳은 사르곤 2세 당대에만 사용되었고, 그의 아들인 산헤립은 니네베로 수도를 옮겨 기원전 612년 바빌론에 함락당할 때까지 수도로 사용했다.

살만에셀 3세의 블랙 오벨리스크

그 코르사바드 궁의 현관 문지기를 지나면 뻥하고 뚫린 공간으로 나오게 된다. 바로 이집트 관(25호실)과 그리스 관(15호실), 아시리아 관(19호실)이 맞닿아 있는 20호 전시실이다. 여기서부터는 자연 채광이 잘되어 있어 밝아진다. 그 전시실 중앙에 27호 전시실에서 본 살만에셀 3세와 관련 있는 유물 한 점이 전시되어 있는데, 바로 장방형의 기둥모양을 하고 있는 약 2.5미터 높이의 검은 색 석회석 기둥이다(사진 10).

이 기둥은 그 자체가 그림책이다. 마치 초등학교 어린이가 하

루에 일어난 일을 잊지 않으려는 듯 꼼꼼히 그려 놓은 그림일기처럼 이 기둥의 각 면에는 그림과 글들이 새겨져 있다. 자세히 보기 위해 다가가 그림들을 더듬다 보면 그리스 전시실을 마주보고 있는 면, 위에서 두번째 칸에 새겨진 그림에 대한 이야기가 궁금해진다.

햇빛 가리개용 부채를 들고 시중을 드는 사람들 앞에 거만하게 서 있는 사람, 그리고 그의 앞에 거의 코가 땅에 닿을 정도로 몸을 구부려 예를 표하고 있는 초라한 자의 모습, 방금 사온 노예에 대한 점호를 하는 장면일까? 아니면 죽을 죄를 지은 죄인을 심문하는 장면일까? 아니, 그렇다 해도 지나칠 정도로 두 사람간의 대조가 두드러진다(사진 11).

그런데 그게 놀랍게도 서 있는 사람은 아시리아의 왕 살만에셸 3세이며, 그렇게 비굴하게 조아리고 있는 사람은 이스라엘 역사에서 강한 이미지를 심어 준 군인 출신의 왕 예후(Jehu)의 모습이란다. 위아래에 적혀 있는 쐐기문자는 그 장면이 이스라엘

왕 예후가 살만에셀 3세에게 공물을 바치고 있는 장면이란 설명
을 달고 있다. 글의 내용은 다음과 같다.

> 나는 그(오므리의 아들)에게서 은과 금, 금으로 만들어진 잔과
> 대접들, 주전자와 물 컵들 그리고 왕의 홀을 받았노라.

현무암 석비와 성문의 청동 띠에서 본 것같이 이것 역시 과장
된 기록이지 않을까 하는 의문이 들었으나, 이 부분만큼은 성경
도 진실성을 뒷받침해 주고 있어 씁쓸한 심정이 되었다.
당시 이스라엘의 정치적 상황은 복잡했다. 아합이 아람 왕 벤
하닷과 벌인 길르앗 라못 전투에서 전사한 이후 이스라엘의 왕
위는 그의 두 아들 아하시야(Ahaziah)와 여호람(Jehoram)에게
차례로 승계되었다. 그러나 둘 다 조상들의 악한 행위에서 떠나
지 않았고, 그 결과 군대장관 예후가 여호람이 아람과의 전쟁에
서 부상하고 돌아와 치료를 받고 있는 동안에 반란을 일으켜 여
호람과 그의 어머니이자 아합의 아내인 이세벨(Jezebel)을 죽이
고 선지자 엘리사의 예언대로 왕위를 차지한다(왕하 9:1~10). 이
때 처남 여호람의 병문안을 와 있던 유다 왕 아하시야(Ahaziah)

도 그와 함께 예후에게 피살된다.(그의 아내는 아합의 딸인 아달랴로 여호람의 누이가 되기에 아하시야는 여호람의 처남이다.)

왕이 된 예후는 기원전 841년부터 814년까지 28년 간 이스라엘을 통치했다. 한편 예후가 유다 왕 아하시야를 죽인 사건으로 인해 오므리(Omri)와 아합 왕 때까지 계속되어 오던 이스라엘과 유다(Judah)의 동맹관계가 깨졌다. 그때부터 이스라엘은 단독으로 아람을 견제해야 하는 상황이 되었으며, 자연히 신흥 강대국으로 떠오르는 아시리아를 아람 견제와 자국 안전을 확보하기 위한 우호관계의 대상으로 생각할 수밖에 없었다.

이러한 외교정책의 결과가 바로 이 기념비 안에 고스란히 담겨져 있다. 하나님의 백성으로서 하나님께 의지하지 않고 사람의 힘에 의존하려 한 이스라엘의 어리석은 모습이 수천 년을 각인된 채로 내려와 이제 만인의 눈길 앞에 그 부끄러운 모습을 그대로 드러내고 있는 것이다. 왜 이 방의 조명은 더 밝게만 느껴지는 것일까? 그 당시 이 수치스러운 장면을 그대로 굽어보았을 그 태양 빛 아래 또 한번 예후는 그 펴지지 않는 허리를 원망하며 수치스러움을 감내하고 있어야만 되는 것이다.

전차에 오른 디글랏빌레셀 3세

유난히 동공이 확장된 예후의 눈길을 애써 피하며 옆으로 돌아서니 아시리아의 또 다른 왕이 기다리고 있다. 디글랏빌레셀 3세가 전차에 오른 모습을 새긴 벽조각의 일부이다(사진 12). 벽의 일부만이 전시되어 있고 그것마저도 군데군데 손상되어 있어, 전체 그림을 연상해 내기가 쉽지는 않다. 발굴작업이 험난했거나 전란을 겪은 흔적이라는 생각이 들었다.

이 벽조각의 주인공인 디글랏빌레셀 3세는 살만에셀 3세의 서진정책을 계승한 왕으로 성경에서는 그를 일명 불(Pul)이라고

부른다. 살만에셀 3세가 죽은 뒤(BC 826) 약 80년 동안 아시리아
와 이스라엘 사이에는 별 다른 전쟁이 없었다. 당시 아시리아는
북쪽에서 새롭게 부상하고 있던 우라우트(Urartu)에 대항하느라
여력이 없었기 때문이다. 그러나 디글랏빌레셀 2세 때 우라우트
와 남쪽의 바빌론 세력을 평정하게 되었고, 그 뒤를 이은 디글랏
빌레셀 3세는 살만에셀 3세 이후 중단된 서진정책을 다시 추진
하여 두 차례에 걸쳐 이스라엘을 비롯한 가나안 일대를 공격하
게 된다.

첫번째 침공에 대한 기록이 열왕기하 15장부터 나오기 시작한
다. 이때의 이스라엘 왕은 므나헴(Menahem)이었고 이스라엘의
국운은 다시 회복할 수 없을 정도로 기울고 있을 무렵이었다. 그
러나 다행히 이 첫번째 침공은 므나헴이 많은 공물을 거두어 바
치는 것으로 일단락되었다(왕하 15:19~20). 이때의 상황은 디글
랏빌레셀 3세의 연감사료에도 기록되어 있는데, 당시 므나헴의
처지가 얼마나 위급했고 비참했는지 짐작케 해준다.

나는 눈보라처럼 므나헴을 덮쳤고 그는 마치 한 마리의 외로운 새처럼 날아와서는 내 앞에 조아렸다. 나는 그에게 권리를 인정해 주는 대신 많은 공물을 바칠 것을 명하였다.

이때의 므나헴의 모습이 예후와 별반 다를 바가 없기에 이 두 유물이 지척의 거리를 두고 존재하게 된 것일까? 수치스런 모습을 간직한 두 이스라엘 왕이 60여 년의 간격으로 당시에는 서로 만나지도 못했지만 이제 이 20세기, 이국 땅 박물관의 한편에서 서로 부끄러운 모습을 품은 채 마주하고 있다. 두 사람은 무슨 대화를 나누며 이 긴 전시 기간을 견디고 있는 것일까?

디글랏빌레셀 3세의 두번째 침공은 베가(Pekah) 왕 때에 일어났다(왕하 16장, 대하 28장). 당시 이스라엘 왕 베가는 아람 왕 르신(Rezin)과 더불어 반(反)아시리아 정책을 펴면서 유다도 이 동맹에 함께 참여해 주기를 원했다. 그러나 유다의 독립을 유지하기 위해서는 가까이 있는 아람의 멸망이 필요하다고 판단한 유다 왕 아하스는 이를 거절했다. 그러자 이 두 동맹군이 유다를 침공했고 이에 놀란 아하스가 아시리아에 원군을 부탁했다. 이 위기 수습방안에 의해 유다는 잠시 동안은 이스라엘과 아람의 침공 위협을 덜 수 있었다. 그러나 이러한 유다의 친아시리아 정책은 선지자 이사야(Isaiah)를 통해 하나님께서 이미 금하신 것이었다.

여호와께서 에브라임이 유다를 떠날 때부터 당하여 보지 못한 날을 너와 네 백성과 네 아비 집에 임하게 하시리니, 곧 앗수르 왕의 오는 날이니라(사 7:17).

이러한 두번째 침공 원인과 배경은 디글랏빌레셀 3세의 연감사료에도 그대로 기록되어 있어 성경의 역사성을 확인시켜 주고 있다.

아시리아의 왕들은 이 사실을 영원히 잊지 않고 자신의 삶 속에서 끊임없이 재생시키고 싶어 자신들의 왕궁 벽 사면에 그 이야기를 새기도록 했고, 그 벽의 일부가 지금 우리 앞에 제국의 내음을 맡아 보라는 듯 20호 전시실 사면을 두르고 서 있다.

16호 전시실

발길을 돌려 16호 전시실로 들어섰다. 일반인들은 그냥 지나칠 수밖에 없는 작은 방, 전시물이라고는 불에 그을린 듯 검게 퇴색한 벽조각 일부와 두 인물의 전신상이 새겨져 있는 부조판 (浮彫板) 하나뿐이다. 그러나 그냥 지나치지 못한다. 바로 이 방에서 사마리아 성에서부터 들려오는 고통에 찬 비명소리가 발길을 붙잡기 때문이다.

관람객들은 라기스 전시실이라고도 부르는 17호 전시실로 가기 위해 16호 전시실을 빠져 나가고 있다. 17호 전시실에는 현대의 미술인들도 격찬하는 아시리아인들의 섬세한 조각벽화들이 관람객들의 마음을 끌어당기고 있기 때문이다. 더구나 박물관이 전시물 보존을 위해 일정 시간에 일부 방들의 출입을 통제할 때 이 라기스 전시실부터 하기 때문에 사람들은 더욱 분주히 그곳으로 몰려간다. 그러나 이 방의 가치를 아는 사람에게는 이 수선스런 관람객들의 소동이 가라앉기를 기다릴 이유가 분명히 있다.

마주보고 있는 사르곤 2세와 왕자 산헤립
아래 지하층으로 연결되는 계단 바로 입구에 전시되어 있는 것

13 사르곤이 산헤
립의 영접을
받는 모습

은 아시리아 왕 사르곤 2세를 아들 산헤립이 영접하고 있는 모습
을 담은 거대한 부조다. 원래는 사르곤 2세가 세운 코르사바드에
서 있던 벽장식으로, 전시되어 있는 것은 그 일부다(사진 13).

사르곤 2세는 성경에서는 이사야 20장 1절에 단 한번 언급되
어 있으나 이스라엘에는 영원토록 잊을 수 없는 수치를 안겨 준
인물이다. 바로 사마리아를 함락시킨 장본인이기 때문이다.

당시 이스라엘 왕은 호세아(Hoshea)인데 그는 재위 초반 아
시리아에 공물을 바치며 군신(君臣)의 관계를 유지하고 있었다.
그런데 자신들을 누르고 있던 디글랏빌레셀 3세가 죽자 마침 북
쪽으로 세력 확장을 꾀하고 있던 이집트의 원조를 기대하며 아
시리아에게서 벗어나려 했다. 그러자 디글랏빌레셀의 계승자인
살만에셀 5세가 침공하여 포로로 감금했으며, 사마리아 성은 기

원전 722년 멸망당할 때까지 3년 동안 포위상태로 있었다. 이 포위 기간 동안 아시리아의 왕은 사르곤 2세로 바뀌었고, 결국 사마리아 성은 사르곤 2세에 의해 무너지게 되었다.

기록에 따르면 사마리아 성은 견고하게 지어졌고 특히 함락 40~50년 전인 여로보암 2세(Jeroboam II) 때 9.8미터의 이중 벽으로 증축되었기 때문에 3년의 포위 기간을 견디는 것은 별문제가 아니었다고 한다. 그러므로 이 성이 함락된 것은 성경이 밝히는 대로 그 성의 구조적인 결함 때문이 아니라 그 백성들의 악함 때문이었다.

> 이 일은 이스라엘 자손이 자기를 애굽에서 인도하여 내사 애굽 왕 바로의 손에서 벗어나게 하신 그 하나님 여호와께 죄를 범하고 또 다른 신들을 경외하며(왕하 17:7).

> 이스라엘 자손이 가만히 불의를 행하여 그 하나님 여호와를 배역하여 모든 성읍에 망대로부터 견고한 성에 이르도록 산당을 세우고(왕하 17:9).

세상의 시각으로는 더 버틸 수 있으리라고 생각한 견고한 성 사마리아는 외부가 아닌 내부에서부터 무너져 내렸으며 많은 백성들은 아시리아로 잡혀가게 되었다

> 앗수르 왕이 바벨론과 구다와 아와와 하맛과 스발와임에서 사람을 옮겨다가 이스라엘 자손을 대신하여 사마리아 여러 성읍에 두매 저희가 사마리아를 차지하여 그 여러 성읍에 거하니라(왕하 17:24).

이 내용은 사르곤 2세의 연감사료에도 그대로 적혀 있다.

> 나는 사마리아를 포위했고 점령했으며 27,290명의 주민들을
> 사로잡아 왔다.

박물관 어디엔가 전시되어 있는 님루드의 원통기둥에도 사르곤이 이스라엘의 전차부대 200기를 자신의 군대에 예속시켰으며 자신들의 통치 영역 내에 있는 다른 나라 사람들을 이주시켜 사마리아를 통치하는 방식을 취했다고 기록되어 있다. 이때부터 이스라엘인들은 혼혈민족이 되어 유대인의 정통성을 상실하고 언어마저도 아람어를 쓰는 이국인들이 되어가기 시작했다.

그래서 예수께서 수가성 우물가에 이르러 사마리아 여인에게 물을 달라고 하셨을 때 여인은 "당신은 유대인으로 어찌하여 사마리아 여자인 나에게 물을 달라 하나이까?"라고 대답할 수밖에 없었다. 그때는 유대인이 이방인의 피가 섞인 사마리아인과 상종하지 않았기 때문이다(요 4:9).

히스기야의 항복을 받은 산헤립

16호 전시실은 또 하나의 비명소리로 메아리치고 있다. 유다 왕 히스기야(Hezekiah)의 곤혹에 찬 신음소리다. 사르곤 2세의 뒤를 이은 산헤립은 이스라엘을 멸망시킨 아버지의 업적을 시기라도 하듯이 남아 있는 땅 유다를 향해 말고삐를 늦추지 않았다. 그 결과 유다 왕 히스기야는 성전 기둥의 금박장식들까지 다 벗겨 내 배상금을 바쳐야 될 정도로 곤경에 처하게 된다. 이 예루살렘 공략에 대한 산헤립의 자신감 넘치는 관점이 기록으로 남아 그의 입상부조 맞은편에 자리잡고 있다(사진 14).

이 기록을 담고 있는 조각들은 아시리아의 마지막 왕궁 니네

베 궁에서 산헤립의 연감사료와 더불어 불에 그을린 채 발견된
것인데, 원래는 사람머리를 한 사자상의 배부분에 해당하는 것
이다. 이것이 불에 그을린 이유는 니네베 성이 바빌론에 함락될
때 나훔(Nahum) 선지자의 예언대로 불로 파괴되었기 때문이 아
닌가 생각된다.

> 거기서 불이 너를 삼키며 칼이 너를 베기를 늣의 먹는 것같이
> 하리라(나훔 3:15상).

유다 왕 히스기야는 처음부터 반(反)아시리아적 성향을 가진
왕이었다(왕하 18:7). 그러나 사르곤 2세가 생존해 있을 때만큼은
이 마음을 감추고 대항하지 않았다. 아시리아가 블레셋의 영토
안에 있는 아스돗(Ashdod)을 침공했을 때 이집트의 요청에 따
라 동맹군으로 참전해야 했으나 이것조차도 거부하며 사르곤과
의 직접적인 충돌을 피했다.

그러나 산헤립이 왕위에 오르자 히스기야는 이집트의 후원을
얻어 두로(Tyre)와 블레셋(Philistia)과 함께 반(反)아시리아 동맹
을 결성하고 본격적으로 아시리아에 대항하기 시작했다. 이 일

로 분노한 산혜립은 유다를 침공하여 히스기야를 능멸했다. 이때 히스기야는 자신의 잘못을 인정하고 아시리아 군대가 철수하는 대가로 은 300달란트와 금 30달란트를 전쟁 배상금으로 지불하기로 하고, 성전과 왕궁에 있었던 은뿐만 아니라 성전문과 궁전의 기둥에 입힌 금박까지 다 벗겨 주었다(왕하 18:13~15).

그러나 이러한 배상금을 받았음에도 불구하고 산혜립은 돌아가지 않았다. 이것은 유다의 국운을 위협할 만큼 위태로운 상황을 야기시켰다. 이때 산혜립은 예루살렘 남서쪽으로 40킬로미터 정도 떨어진 라기스(Lachish)에 진을 치고 있었는데, 이곳은 이집트로 가는 교통의 요충지이자 이미 46개의 성들을 점령한 아시리아 군대가 가장 마지막으로 점령한 요새로서, 이제 유다에 남아 있는 유일한 요새는 예루살렘 성뿐이었다. 산혜립은 예루살렘 성을 포위한 채 자신의 군대 사령관 랍사게를 보내어 항복할 것을 요구했다(왕하 18:17~25, 대하 32:9~19). 그 같은 산혜립의 호전적인 태도는 히스기야의 마음을 근심에 빠지게 했으며 이로 인하여 히스기야는 굵은 베옷을 입고 하나님께 기도하며 이사야 선지자를 통해 하나님의 응답을 듣길 간구했다.

> 히스기야 왕이 듣고 그 옷을 찢고 굵은 베를 입고 여호와의 전에 들어가서 궁내대신 엘리야김과 서기관 셉나와 제사장 중 장로들에게 굵은 베를 입혀서 아모스의 아들 선지자 이사야에게로 보내매(왕하 19:1~2).

그런데 이 부분에 대한 성경의 기록과 산혜립의 사료 사이에 일치와 불일치가 동시에 나타난다는 점이 흥미롭다. 이 사건에 대한 산혜립의 기록은 이렇다.

"나의 멍에를 메기 싫어하는 유대인 히스기야에게 속한 46개의 요새들을 포위하였고, 이 성들을 함락시키기 위하여 사다리와 성을 파괴하기 위한 기구들을 사용했으며, 동시에 갱도와 터널을 파서 성을 허물어 결국은 이 성(라기스)을 함락시켰다. 그 결과 200,150명의 포로와 셀 수 없는 가축들을 전리품으로 노획하였다. (중략) 그는 새장에 갇힌 한 마리 새처럼 자신의 왕궁이 있는 예루살렘 성에 갇혀 버렸고 나는 그 주변에 토성을 쌓음으로 그 성을 포위하였다. 한 사람이 성에서 나왔으나 나는 다시 그를 곤고함이 깃든 성으로 되돌려 보냈다. (중략) 나의 위용은 그를 압도하였으며 그의 용병들은 그를 버렸다. 금 30달란트와 은 300달란트와 더불어 히스기야가 나의 궁성 니네베로 보내온 것들은 수많은 보석류와 상아, 값진 보화들, 그리고 그의 딸들과 후궁들, 많은 남녀 악사들이었다.

이 기록과 성경 사이에는 다음과 같이 일치되는 점들이 있다. 첫째는 히스기야가 아시리아에 대해 반역했다는 것이며, 둘째는 요새화된 유다의 성읍들이 함락되었다는 것, 셋째는 라기스 역시 함락된 성읍에 포함되었다는 것이며, 넷째는 히스기야 왕이 그 사건으로 인해 예루살렘 성에 갇히게 되었다는 것, 다섯째는 예루살렘 성이 함락되었다는 기록은 없다는 것이다.

두 기록 사이의 차이점으로는 히스기야가 자신의 딸들과 후궁과 악사들을 헌납했다는 주장과 산혜립이 히스기야에 대항하여 토성을 쌓았다는 주장이다. 이것은 아마도 라기스가 예루살렘에 이르는 출입구에 해당한다는 시적인 표현이지 실제로 그런 일을 행한 것은 아니라고 봐야 될 것이다. 왜냐하면 이사야를 통해 하나님께서 말씀하시길 산혜립의 군대는 어떤 토성도 쌓지 못할 뿐 아니라, 예루살렘 근처에도 나타나지 못할 것이라고 했으며 성을 향한 단 한 발의 화살도 쏘지 못하리고 했기 때문이다.

> 그러므로 여호와께서 앗수르 왕을 가리켜 이르시기를 저가 이
> 성에 이르지 못하며 이리로 살을 쏘지 못하며 방패를 성을 향
> 하여 세우지 못하며 치려고 토성을 쌓지도 못하고 오던 길로
> 돌아가고 이 성에 이르지 못하리라 하셨으니 이는 여호와의
> 말씀이니라(왕하 19:32~33).

그러나 무엇보다도 성경과 산헤립의 기록 사이에 가장 현격한
차이는 전쟁의 결과에 대한 부분이다. 성경은 하나님의 천사에
의해 아시리아 군대가 패배했다고 기록하고 있으나, 산헤립의
기록은 이 부분에 대해 침묵을 지키고 있다.

> 여호와께서 한 천사를 보내어 앗수르 왕의 영에서 모든 큰 용
> 사와 대장과 장관들을 멸하신지라 앗수르 왕이 얼굴이 뜨뜻하
> 여 그 고국으로 돌아갔더니 그 신의 전에 들어갔을 때에 그 몸
> 에서 난 자들이 거기서 칼로 죽였더라(대하 32:21).

성경과 아시리아인들의 기록 중 무엇이 사실인지는 신앙과 과
학이라는 서로 비교할 수 없는 다른 가치의 세계이기에 보통사
람들로서는 섣불리 단정짓기가 어렵다. 그러나 역사라는 과학적
기법을 사용한 것처럼 보이는 아시리아인들의 기록이 사실은 객
관적 사실을 기록한 과학이라기보다 일반적인 고대의 역사기록
과 같이 자신들의 신이 베풀어 준 은공에 반응하고자 하는 목적
에서 비롯한 점을 감안한다면, 아시리아인의 기록 역시도 그 민
족의 신앙의 산물이라는 가정이 가능하다. 이렇게 같은 신앙의
산물끼리의 비교라면 무엇이 더 진실에 가까운 것인지를 택하는

아시리아 제국과의 만남 51

것은 우리들에게는 별로 어려운 일이 아니다. 그러고 보니 "모든
기록된 역사는 객관적인 사실에 대한 정보이기보다는 그렇게 보
고자 하는 기록자의 소망"이라는 기본적인 역사기록의 원칙이
실감 나는 대목이 아닌가!

17호 전시실(라기스 전시실)

불에 그을린 부조판 글씨만큼이나 모호한 역사의 진실성에 대
한 고민은 17호 전시실에서는 불필요해진다. 16호 전시실에서
아래층으로 내려가는 계단을 잘 비껴서 라기스의 유물이 전시된
17호 전시실에 들어서면 너무나도 사실적인 장면들 앞에 인간의
상상력은 무기력해지기 때문이다.

라기스 전쟁
라기스 유물이 전시된 이 방은 산헤립이 자행한 야만적이고도
살벌했던 포위상황을 생생하게 보여 준다. 산헤립의 궁전 벽을

두르고 있었고, 지금은 전시실의 긴 벽면을 두르고 있는 점토판
에는 라기스의 포위상황과 승리가 묘사되어 있다.

이 포위상황은 벽의 왼쪽 그림에서 오른쪽으로 진행하며 묘사
되어 있는데, 공격부대 뒤에는 성을 부수기 위한 투석기들이 있
고 그들의 앞에는 궁수들과 돌격부대가 있다. 또 성을 파괴하기
위한 공성도구들이 방패들의 엄호 아래 인공 토담 길 위(이 인공
길은 지면에서부터 성벽 위까지 이를 수 있도록 만든 경사진 도로를
말한다)를 돌진해 가는 모습도 볼 수 있다(사진 15).

이 그림의 오른쪽은 전투가 치열하게 전개되고 있는 장면을,
왼쪽은 그 결과를 보여 준다. 전차들과 다른 전리품들이 많은 포
로들과 함께 함락된 성에서 운반되어 나오고 있고 그들 중 일부
는 고문을 당하고 있기까지 하다. 맞닿아 있는 오른쪽 벽면에는
산헤립이 이동용 보좌에 앉아서 성의 함락을 지켜보고 있다. 친
절하게도 이 장면에 대한 설명이 쐐기문자로 기록되어 있어 보
는 이들의 궁금증을 풀어 주고 있다(사진 16).

위대한 왕 산헤립은 보좌에 앉아 계신 채 전리품들이 자신의
앞을 지나가고 있는 것을 보고 계셨다.

그의 앞을 지나가는 수많은 전리품 중에는 아마도 히스기야가 바친 공물도 포함되어 있었을 것이다. 산헤립의 뒤에는 커다란 부채를 든 사람이 왕의 얼굴에 내리쬐는 근동지역의 따가운 햇살을 막아 주고 있다. 그러나 정작 살펴보고 싶은 산헤립의 얼굴은 표정을 알 수 없게 손상되어 있어 아쉬움을 남긴다. 아까 16호 전시실에서 보았던 두 왕의 입상 부조판에 나타난 그의 모습과 비교해 보고, 자신의 몫이 없이 아버지 사르곤을 영접할 때와 자신의 몫을 얻고 있는 장면에서 과연 어떤 표정의 변화가 있었을지 궁금했기 때문이다. 물론 그런 세밀함이 묘사될 리도 없고, 또 그렇다 하더라도 세월의 짓궂음이 그것을 허용할 리가 만무하다는 것을 알면서도 말이다.

공성용(攻城用) **무기**

이 방의 한쪽 구석에는 라기스 발굴 때 나온 투석용 돌과 화살촉들이 진열장 속에 전시되어 있다(사진 17). 이 공성용 무기들은 진열장 바로 옆에 있는 그림을 그릴 수 있는 충분한 영감을 화가에게 불어넣었을 것이다(사진 18).

진열장 안에 함께 전시되어 있는 팔각 원통기둥에도 산헤립의
다섯 번에 걸친 출정 기록이 나오고 있는데, 역시 라기스 점령에
대한 기록이 빠지지 않고 있다. 그만큼 라기스 전투는 아시리아
의 역사에서 큰 의미를 갖는 전쟁이었다. 아마도 남쪽의 이집트
견제에 너무나 필요한 전략적 중요성 때문인 것 같다.

이 밖에도 히스기야와 관련한 성경 기록을 입증해 줄 수 있는
고고학적인 자료 두 가지가 있는데, 박물관 사정으로 전시되지
않아서 실물은 보지 못했지만 간략하게 언급하고 넘어가야겠다.

히스기야의 인공수로 현판

그 하나는 히스기야가 아시리아의 포위공격을 대비하여 성밖에
있는 물의 근원을 막고 터널을 파서 성밖의 기혼 샘이 성안으로
흐르게 했다는 열왕기하 20장 20절과 역대하 32장 3절·4절·30
절과 관련된 유물이다.

이 터널은 단단한 바위를 쐐기와 망치와 곡괭이만으로 파서 만든 길이 542미터, 높이 약 1.8미터 규모의 인공 수로인데, 성밖의 기혼 샘에서 성안의 실로암 못까지 연결한 대규모 토목공사였다. 그 방법도 근래에 개통한 유로터널(영국과 프랑스간의 도버해협을 관통한 해저 터널)에서 사용된 공법으로 양쪽에서 굴착을 시작하여 가운데서 만나게 한 방법이다. 만나는 바로 그 자리에 관통을 기념하는 기념판을 만들어 두었는데 그것이 1880년에 발견되어 여러 해 동안 이 박물관에 전시되어 있었다.

산헤립의 죽음이 기록된 점토판
두번째는 산헤립의 죽음을 담고 있는 점토판이다.

> 잔인한 결정이 내 형제들에 의해 실행되었다. 그들은 신을 저버렸고 폭력적이고 계획적인 악을 행하기로 결심했다. 그들은 권력을 움켜잡으려고 자신들의 아버지 산헤립을 살해했다.

열왕기하 19장 36~37절, 역대하 32장 21절, 이사야 37장 38절에도 산헤립의 죽음을 둘러싼 전후 사정이 나오고 있는데, 여기에서 산헤립의 뒤를 이어 왕위에 올랐다고 하는 에살하돈(Esarhaddon, 에살핫돈)이 남긴 기록이다. 이 점토판은 후기 메소포타미아 전시실인 55호 전시실에 있었는데, 지금은 전시물 교체로 전시되지 않고 있다.

리호 전시실(니네베 전시실)

격렬한 전투의 함성을 듣는 듯하던 라기스 전시실을 나와 15

19 성을 짓고 있
는 장면을 묘
사한 그림. 사
람머리 사자
상을 세우는
중이다.

호 전시실과 20호 전시실을 거쳐 21호 전시실에 들어섰다. 이곳
에서는 산헤립의 궁전이었던 니네베 성의 더 많은 벽조각들을
볼 수 있다. 라기스에 관한 벽조각들에서 이미 너무 강한 인상을
받았던 터라 좀 심심한 면이 없진 않지만 여기에서도 두려움과
공포에 가득 찬 전쟁 장면을 볼 수 있으며, 성을 공략하고 있는
공성부대와 활을 쏘고 있는 궁수들의 모습도 찾아볼 수 있다. 그
러나 이 장면도 산헤립이 주장하는 것같이 예루살렘에 관한 모
습은 아니다. 아마도 산헤립이 치른 다섯 번의 전투들 중에 하나
일 것이다.

　전시실의 다른 쪽에는 니네베 궁의 남서쪽 벽을 쌓고 있는 장
면을 새긴 그림이 있다(사진 19). 많은 노예들이 무거운 짐들을
옮기고 있다. 그러나 그토록 피땀 흘려 지은 성도 결국 파편으로
만 남아 이렇게 전시된다는 것이 보는 이의 마음을 허허롭게 만
든다. 하나님께서 인정치 않으시면 세우는 자의 수고가 헛되다
는 지혜자의 탄식을 눈앞에서 보고 있는 셈이다. 선지자 나훔의
예언대로 니네베 성은 홍수와 불로 망했다. 바빌론에 의해 성은
불탔고 코세르(Khoser) 강이 범람하여 성을 뒤덮으면서 메말라

있던 성벽의 벽돌들이 한순간에 무너져 내린 것이다.

만일 이 21호 전시실이 개방되지 않고 있는 날이라면 이집트
조각품들이 있는 25호 전시실에 들러 디르하가(Tirhakah)의 양
(羊)을 보고 가도 좋다. 디르하가는 산헤립이 라기스를 공격하고
있을 때 아시리아의 북쪽을 침범한 에티오피아(구스)의 섭정 왕
으로 훗날 이집트의 왕이 되었다.

앗수르 왕이 구스 왕 디르하가가 나와서 더불어 싸우고자 한
다 함을 듣고(왕하 19:9상).

그런 디르하가가 그들이 신으로 섬기는 양의 앞다리 사이에
작은 모습의 석상으로 만들어져 이집트의 조각들과 함께 전시되
고 있다(사진 20).

고대 팔레스타인 유적과의 만남

21 25호 전시실
의 이집트 석
상들. 맨 앞에
보이는 두상
이 아마르나
토판의 수신
자 아멘호텝 3
세의 모습이
며, 맨 뒤에 보
이는 전형적
인 파라오의
흉상이 람세
스 2세의 모습
이다.

디르하가의 양이 있는 25호 전시실은 이집트의 유물들이 왕들의
석상을 중심으로 전시된 방이다. 일반 역사가와 진보주의적인
신학자들 사이에서 모세와 대결했다고 알려져 있는 람세스 2세
(Ramses II)의 화강암 석상은 머리와 몸통만으로도 그 규모를 짐
작할 만큼 거대하다. 아시리아인들의 문화가 점토로 이루어진
흙의 문화였다면 이집트 문화는 돌의 문화였음을 보여 주는 생
생한 현장이다.

당시의 이집트인들은 영혼불멸을 믿었고 그런 자신들의 신앙
을 생활 속에서 여러 모양으로 표현했다. 죽은 자를 미라로 만들
어 영구적인 사체 보존을 시도했다거나 가장 변할 가능성이 적
은 단단한 돌을 자신들의 예술성을 표현하는 재료로 사용한 것
이 그 좋은 예다. 그리고 정말 그들의 소원은 이루어진 것처럼
보인다. 수천 년의 시간의 벽이 가로놓여 있음에도 불구하고 오
늘 이 공간 속에서 이집트인들의 얼굴과 표정들을 만날 수 있기
때문이다(사진 21).

그러한 매력이 이 전시실이 박물관을 찾는 현대인들의 발걸음
을 유혹하며 붙잡는 이유일 것이다. 그로 인해 아래위로 나뉘어

있는 25호 전시실과 미라 전시실은 관람객들로 항상 북적거린다. 이 미라 전시실은 25호 전시실 뒤에 있는 서쪽 계단을 통해 올라가면 자연스럽게 만날 수 있어 현실의 이집트 문화와 충돌한 관람객들의 마음을 죽음 저편의 세계까지 이어갈 수 있도록 해준다.

그러나 정말 사람들은 이 고대 문명과의 만남을 통해 현실과 죽음을 넘나들 수 있는 자유로운 존재, 구원을 체득한 존재로 변할 수 있을까? 다시 부활할 것을 소망하며 미라가 된 사람들조차도 생명의 대열 속에 합류하기는커녕, 속이 빈 육신도 버거워하며 누워 있는데 그것을 바라보는 자들에게 영혼과 부활과 생명과 구원에 대해 과연 무엇을 전할 수 있을까?

57호 전시실

현재와 만나고 있기는 하나 돌 속에 굳어진 형상으로, 이미 썩어 버린 자신의 육신이 부끄러워 수천 개의 천조각으로 자신을 가려 버린 람세스. 그에게서 영생과 불멸의 흔적은 찾을 수 없었다. 그러나 이와는 대조적인 세계가 바로 미라 전시실 옆에서 펼쳐지고 있다. 세상의 어떤 모습으로도 그 흔적을 남겨 놓지 않았던 모세와 그의 조상들의 이야기가 마치 모세가 람세스와 대결했던 그 시절의 상황처럼 현실의 전시 공간 속에서도 나란히 관람객들을 맞이하고 있는 것이다.

57호 전시실은 성경의 주인공들이 거닐었을 팔레스타인 지역에서 발굴된 유물들을 전시하는 방이다. 이 방에 도달하기 위해서는 초기 청동기 시대의 여리고(Jericho) 지역 유물들을 전시하고 있는 59·58호 전시실을 거쳐야 되는데 특별히 관심을 끌 만한 것이 없기에 순조롭게 57호실에 이를 수 있다. 이 방은 성경에 관심을 갖고 있는 사람들의 호기심을 자극하기에 충분한 자료들로 가득 차 있다.

하솔의 항아리

첫번째는 아이들의 키만한 커다란 항아리이다. 이 커다란 항아리는 성경에 언급된 도시 하솔(Hazor)에서 출토된 것인데, 기원전 1300년경이나 그보다 더 오래전에 가나안의 토공들이 만든 것으로 추정된다. 이 항아리는 이스라엘인들이 성을 차지하기 전에 가나안인들이 이 지역에 살고 있었음을 입증해 주는 자료가 된다. 아구는 넓고 밑으로 내려올수록 폭이 좁아지는 모양으로 그 자체로는 서 있을 수 없어서 보조용 틀에 세워 놓았다(사진 22). 이 구조는 건조하고 뜨거운 기후에서 음식물을 보존하는 데 효과적이었을 것이란 생각이 든다.

1950년 말 하솔 지역 발굴 때 기원전 1280~1230년경의 것으로 추정되는 항아리 파편들이 어지럽게 널려 있는 집터가 발견되었는데, 이것은 이 지역에 큰 전투가 있었음을 짐작케 해주었다.

22 하솔에서 출토된 가나안인들의 항아리

처음에는 이 전투를 기원전 1400년경 있었던 여호수아(Joshua)의 1차 가나안 침공으로 추정했다.

> 하솔은 본래 그 모든 나라의 머리였더니 그때에 여호수아가 돌아와서 하솔을 취하고 그 왕을 칼날로 쳐 죽이고 그 가운데 모든 사람을 칼날로 쳐서 진멸하여 호흡이 있는 자는 하나도 남기지 아니하였고 또 불로 하솔을 살랐으며(수 11:10~11).

그러나 하솔 점령 후 이스라엘인들은 이 성읍에 계속 거주하지 않았고, 오래지 않아 가나안인들이 다시 이곳에 살게 되었다. 그래서 학자들은 이 거주터와 싸움의 흔적은 사사시대인 기원전 1235년 드보라(Deborah)와 바락(Barak)이 활약한 이스라엘의 하솔 재함락과 관련 있는 것이라고 견해를 수정했다(삿 4~5장). 이때의 하솔은 가나안의 가장 견고한 요새였을 뿐 아니라 20년이나 이스라엘을 지배해 오고 있던 상황이었다.

> 에훗의 죽은 후에 이스라엘 자손이 또 여호와의 목전에 악을 행하매 여호와께서 하솔에 도읍한 가나안 왕 야빈의 손에 그들을 파셨는데 그 군대 장관은 이방 하로셋에 거하는 시스라요(삿 4:1~2).

하솔 발굴은 성경에 나온 많은 역사적인 사실들을 입증해 주는 중요한 자료로 하솔이 기원전 1200년대 말기까지는 가나안인들의 거주지였으며 사사시대 이후부터 이스라엘인들이 거주하게 되었음을 확인시켜 준다.

하솔 지역의 두 번에 걸친 전쟁을 기록한 성경의 사실성을 입증해 주는 소중한 항아리 파편들이다. 그런 역사의 메아리가 좀은 밑둥치로부터 넓게 벌려진 주둥이를 타고 울려 나오는 것 같은 느낌이다.

여태껏 아래층에서 본 것들이 이집트와 아시리아 같은 강대국들의 억센 말발굽 아래 눌려 어찌할 바를 몰라한 이스라엘의 모습이었기에 이 항아리가 주는 느낌은 새삼스럽다. 심지어는 입구가 넓고 밑이 좁은 항아리의 모습이 마치 그 당시 이스라엘 백성들이 이 성을 함락했을 때 공격용 신호로 불었을 뿔나팔과도 같은 느낌을 준다. 기드온이 미디안 군대를 물리칠 때도 이런 모양의 항아리를 깨뜨리며 저들의 혼을 빼놓았던 것이 아닐까?

> 기드온과 그들을 좇은 일백 명이 이경 초에 진가에 이른즉 번병의 체번할 때라 나팔을 불며 손에 가졌던 항아리를 부수니라 세 대가 나팔을 불며 손에 가졌던 항아리를 부수니라 세 대가 나팔을 불며 항아리를 부수고 좌수에 횃불을 들고 우수에 나팔을 들어 불며 외쳐 가로되 여호와와 기드온의 칼이여 하고(삿 7:19~20).

관람객들은 이제 하나님의 인도하심을 받은 백성들이 약속의 땅에서 살아간 모습을 만나게 된다. 이집트는 홍해의 추격에서 실패한 충격으로 인해 채 전열을 가다듬을 여력이 없었고, 아시리아는 아직 강대국의 면모를 드러내지 않고 있었을 때 하나님의 백성들은 약속의 땅에서의 삶을 승전의 나팔소리로 시작했다. 그 감격으로 전시실 안은 이미 뜨거워져 있다.

아마르나의 토판

그 승전의 나팔소리는 다음 전시물에서도 이어진다. 전시실 왼편을 차지하고 있는 진열장 중에는 무심코 지나치기 쉬운 아주

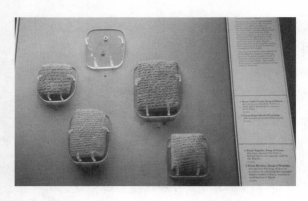

23 아마르나 토판들

작은 토판들이 전시되어 있다. 어른들의 손바닥만큼이나 될까 말까한 작은 크기였으나 그 안에 담긴 내용은 이스라엘인들의 출애굽 사건과 가나안 정복 사실을 입증해 주는 중요한 증거물 이다. 바로 아마르나 토판이다(사진 23).

아마르나 토판들은 1887년 이집트의 아마르나(Amarna) 지역 에서 발굴된 것으로, 기원전 1400년에서 1367년 사이에 이집트 의 두 왕 아멘호텝 3세(Amenhotep III)와 아멘호텝 5세에게 보 낸 편지들이다. 발신자는 여호수아가 이스라엘 백성들을 가나안 땅으로 인도할 때 그 지역의 왕들이다. 그 당시 팔레스타인 지역 은 이집트 제국에 귀속되어 있는 상황이어서 자신들에게 닥친 위험을 군주국 이집트에 보고했던 것이고, 그 과정 중에서 쓰인 많은 토판 문서들이 건조한 사막기후 덕에 훼손되지 않고 있다 가 다량으로 발견된 것이다.

발굴된 토판들은 대영박물관에 82개, 베를린 지역 박물관에 160개, 카이로에 60여 개가 소장되어 있다고 하는데 현재 8호 진 열장에서 관람객들을 맞이하고 있는 것들은 고작 다섯 개 정도 다. 그것도 몇 개는 다른 곳에 대여 전시를 위해 자리를 비우고 있는 형편이라 모든 토판의 내용을 확인할 수 없는 아쉬움이 남 는다. 하지만 전시되어 있는 분량만으로도 그 역사적 가치를 전하기엔 부족하지 않다.

그중 첫째 유물은 하솔 왕이 보낸 것인데 바로의 도시들을 잘 지키고 있다는 보고와 함께 계속적인 충성을 서약하는 내용을 담고 있다. 둘째 유물은 라기스 왕이 보낸 충성의 서약문이고 셋째 유물은 하비루가 침입해 오니 구원을 요청한다는 게셀 (Geser) 왕의 편지다. 넷째 유물 역시 하비루와 관련 있는 것으로 악고(Acco) 왕이 붙잡은 하비루의 지도자를 이집트로 돌려보내지 않고 풀어 주었다는 사실을 고발하는 므깃도(Megiddo) 왕의 서신이다. 다섯째 유물 역시 하비루에 대한 언급을 하고 있는 세겜(Shechem) 지도자의 보고이다. 그중에 가장 사실적인 하비루에 대한 언급을 담고 있는 유물은 예루살렘 지역의 통치자가 보낸 것으로 절박한 상황에 처한 자신들의 처지를 잘 표현하고 있다.

하비루가 왕의 모든 땅을 약탈하고 다닙니다. 만일 궁수들이 지금 이곳에 있다면 주 당신의 땅은 보존될 것이나, 만일 그들이 없다면 당신의 땅은 함락되어 사라지게 될 것입니다.

흥미로운 점은 여기에서 발견된 토판들의 발신자들이 모두 성경 여호수아 12장 9~24절에서 언급된 31개의 가나안 도시국가들이란 사실이다. 더욱이 그 시기는 여호수아가 정복전쟁을 수행하고 있던 기원전 1405년과 일치한다. 이스라엘인들의 가나안 정복시기에 언급되고 있는 하비루가 누구인지에 대해서는 성경학자들간의 의견이 분분하긴 하지만, 보수주의 성경학자 대다수는 하비루가 이 시기에 가나안 땅으로 건너와 최초의 정복전쟁을 완성한 히브리 민족과 동일인들일 것이라고 말한다. 그렇다면 이 아마르나 토판들이야말로 성경 속 이스라엘인들의 가나안 정복사건을 역사적으로 입증해 주는 귀중한 자료가 아닌가!

기적의 출애굽 사건을 기록해 놓은 자료는 세상에 존재하지 않는다. 아니 처음부터 이 사건은 해당 나라에서 작성조차 되지 않았다. 이집트 서기관들의 역사 기록 관습은 자국의 이익과 승리에 대한 것만을 남기기 때문이다. 그렇기에 이집트인의 왕조가 셈족에게 찬탈된 15왕조 이후의 역사는 그들의 기록에서는 찾아볼 수 없고 다시 이집트 왕가가 서게 된 18왕조 이후에야 이집트의 역사 기록은 계속되는 것이다. 하물며 자신들의 왕이 수모를 당하고 온 나라가 재앙 속에 떨며 결국은 수많은 젊은이들을 홍해에 수장해 버린 사건을 자신들의 기록 속에 남길 리가 있겠는가. 그로 인해 그 사건은 히브리인들의 신앙의 세계에서만 존재하는 그런 미확인의 사건이 되어 버렸다.

그러나 감추어진 진실에 항변이라도 하듯 출애굽과 관련 있는 증거 수백 가지가 진실의 조각들로 뛰쳐나왔다. 여러 왕들이 긴급한 소리로 진실의 상황을 외치고 있다.

당신들의 땅을 벗어난 히브리인들이 이곳 가나안 땅에 침공하여 우리의 삶의 터전을 빼앗고 있습니다. 바로여! 이 문제를 굽어보시기 바랍니다.

그러나 이 소식을 들은 아멘호텝은 아무런 응답을 하지 않았다. 그때까지도 홍해에서 손실된 국력을 회복하지 못했음인지, 아니면 이미 이 사건을 자국의 이익과 직접 관련 없는 변방의 사건으로 생각해 버린 탓인지 이집트의 움직임은 없었다. 그 다급한 가나안 왕들의 외침이 의혹에 가려진 성경의 사건을 진실로 규명해 내는 일이 될 줄이야…. 역사의 신비로움을 느끼며 다음 진열장으로 발걸음을 옮긴다.

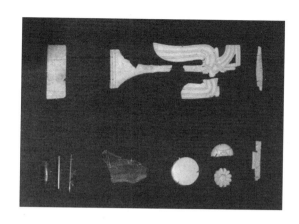

24 아합의 궁터
에서 발견된
상아조각들

아합의 상아

10호 진열장에는 예견할 수 없는 역사의 신비로움을 다시 한번
느끼게 하는 물건이 전시되어 있다. 전시된 것 자체로 보아서는
그 재료가 무엇인지 알 수가 없었으나 옆에 부착된 설명서가 그
것이 상아로 만든 물건임을 알려 준다(사진 24). 바로 북이스라엘
최고의 번영기를 구가한 아합의 궁전에서 발견된 유물들이다.
전시된 것만으로는 그 왕궁의 화려함이 어느 정도인지 상상하기
어렵다. 그러나 성경은 그 궁의 별명을 상아궁이라 부름으로써
단지 상아로 된 장식품이 몇 점 있었다는 정도가 아니라 그 자체
가 상아로 이뤄진 것임을 강조한다.

> 아합의 남은 행적과 무릇 그 행한 일과 그 건축한 상아궁과 그
> 건축한 모든 성은 이스라엘 왕 역대지략에 기록되지 아니하였
> 느냐(왕상 22:39).

상아궁은 아로새겨진 상아 장식들로 뒤덮여 있기에 붙일 수
있었던 이름이다. 궁전의 벽 대부분이 상아로 뒤덮여 있었고 궁
에서 쓰는 모든 가구들도 상아로 만들어져 있었다고 한다. 바로

그 아합의 화려하던 상아궁을 치장하고 있던 벽 장식물들의 조
각들이 여기 전시되어 있는 것이다.

아합이 이렇게 화려한 상아궁을 소유하게 된 것은 아내 이세
벨의 영향을 받은 것이다. 이세벨은 성경이 밝히고 있다시피 페
니키아(Phoenicia, 베니게)의 공주였다. 페니키아에서는 좋은 상
아를 얻을 수 있었으며 당시 페니키아산(産) 상아라고 하면 상아
중에서도 최고품이었다. 나봇의 포도원 사건에서 엿볼 수 있듯
이 아합 자신은 백성들을 그렇게 모질게 대하는 인물은 아니었
다(왕상 21:1~4). 그러나 강력한 왕권에 익숙한 이방인 공주 이
세벨은 나봇을 죽이기까지 하는 단호함으로 백성들을 통치했다.
그렇다면 수천 명의 노동력을 착취해야 하는 상아궁 건축도 아합
보다는 이세벨의 입김이 강하게 작용했을 법하다. 결국 아합은
이방 여인의 소유욕과 자기 과시를 충족시키기 위해 상아궁 건축
이라는 과도한 국력 낭비를 감수했으며, 그 일로 인해 쌓여 가는
백성들의 불만은 예후라는 장군에게 반란의 길을 터 주었다.

그런 성경의 역사를 맞추어 보니 왜 전시되어 있는 상아조각
들이 찬란하기보다는 뿌옇게 빛을 잃어 보였는지 조금은 이해가
된다. 하나님의 말씀을 떠나 우상과 이방 여인의 마음을 사는 일
에 더 바빴던 아합, 그런 그가 지은 당대 최고의 건축물이 이제
와서는 바로 옆에 전시된 점토판이나 항아리조각보다 더 초라해
보이는 이유를 말이다.

항아리조각 군사통신문
아합의 상아조각이 있는 진열장에는 희미한 글씨가 쓰여 있는
투박한 항아리조각들이 함께 전시되어 있는데, 이 항아리조각이
바로 그 글씨만큼이나 희미해진 남유다 최후의 날에 대한 기억
을 되살려 줄 수 있는 라기스 편지다. 쓰여 있는 글씨들은 편지

내용의 심각성을 보여 주듯이 날라가듯 흘려 써 있다(사진 25). 이 편지들은 선지자 예레미야(Jeremiah)가 묘사한 대로 멸망이 임박한 성의 다급한 상황을 엿보게 해준다.

편지는 바빌론 왕 네부카드네자르(Nebuchadnezzar, 느부갓네살)가 유다를 침공하여 예루살렘을 함락시키고 많은 사람들을 포로로 잡아간 기원전 586년으로 우리를 안내한다. 옆에 전시된 아합의 흔적을 300년이나 훌쩍 뛰어넘은 것이다. 이때 선지자 예레미야는 유다 왕 시드기야(Zedekiah)에게 급박한 재난의 상황을 예언하느라고 예루살렘에 머물고 있었기에 비교적 그때의 상황을 상세하게 기록으로 남길 수 있었다.

17호 전시실에서 보았듯이 라기스 성은 히스기야 당시에 아시리아 왕 산헤립에 의해 파괴되었으나 후일 재건되어 계속해서 예루살렘을 수호하는 요새 역할을 하고 있었다. 이 편지들은 그 라기스 성의 문 옆에 있던 문지기들의 대기소 터에서 1935년에 발굴한 것들이다. 21통의 편지들은 유약을 바르지 않은 것처럼 보이는 탁한 붉은 색깔의 항아리 표면에 검은 색 잉크로 쓴 것인데, 네부카드네자르가 성을 포위함으로 인해 급박해진 상황을 성안의 지휘관에게 알리는 내용이다. 작성한 사람은 예레미야서와 느헤미야서에 나오는 호사야(Hoshaiah, 렘 42:1, 느 12:32)로서 그의 신분은 전초기지나 작은 마을 수비대의 지휘관이었을 것이고 수신자는 성의 사령관 야오쉬(Yaʾosh)였다.

그중 한 편지는 예레미야 34장 6~7절에서 언급된 사건 직후
에 벌어진 상황을 간결하게 기록한 것 같다.

> 선지자 예레미야가 이 모든 말씀을 예루살렘에서 유다 왕 시
> 드기야에게 고하니라 때에 바벨론 왕의 군대가 예루살렘과 유
> 다의 남은 모든 성을 쳤으니 곧 라기스와 아세가라 유다의 견
> 고한 성읍 중에 이것들만 남았음이더라.

이 편지의 내용은 이렇다.

> 오늘 여호와께서 우리의 왕에게 선한 소식을 듣게 해주기를
> 원하나이다. 왕께서 명하신 모든 것대로 신호를 보냈나이다.
> 왕께서 명하신 모든 것을 성문 위에서 전달하였나이다. (중략)
> 그리고 이제는 아세가의 신호를 볼 수 없기 때문에 왕께서 말
> 씀하신 방향에서 보일 라기스의 봉화를 기다리고 있습니다.

이는 예레미야서에서는 남아 있다고 언급한 아세가 성이 직전
에 함락되었을 가능성을 보여 준다. 다른 편지는 사절단이 이집
트를 향해 출발했다는 것과 함께 다음의 내용도 기록하고 있다.

> 선지자를 통하여 야두아(Jaddua)의 아들 살룸(Shallum)에게
> 전달된 '조심하십시오'라고 쓴 토비야(Tobiah)의 편지를 왕에
> 게 보내드립니다.

여기서 언급된 선지자는 예레미야일 가능성이 크다고 본다.
또 어떤 편지에는 불평도 적혀 있다.

지도자들의 말씀이 선하지 못합니다. 그들은 그 말을 듣는 자들의 손과 우리들의 손에서 기력을 빼놓습니다.

이것은 방백들이 예레미야의 처형을 요구하며 탄원했을 때와 같은 표현이다.

이에 그 방백들이 왕께 고하되 이 사람이 백성의 평안을 구치 아니하고 해를 구하오니, 청컨대 이 사람을 죽이소서 그가 이같이 말하며 이 성에 남은 군사의 손과 모든 방백의 손을 약하게 하나이다(렘 38:4).

어쨌든 이 라기스 편지로 인해 유다의 멸망에 관한 정보는 성경 이외의 자료들에도 남아 있음이 확인되었고 그것도 그 자료와 성경의 내용이 일치되고 있는 것을 보아 성경의 역사적 기록성은 한층 더 입증되었다. 이 편지들에는 비록 그것이 예레미야가 언급한 것과 똑같은 철자로는 아니지만 많은 성경의 인물들을 보여 주고 있기 때문이다. 호사야후(Hoshʾayahu)는 호사야란 이름으로 예레미야 42장 1절에 나오며 야오쉬(Yaʾosh)는 요시야(Josiah)를 의미하고 그 밖에 네리야(Neriah), 게마리아(Gemariah), 쉐마이아(Shemaiah)는 예레미야서와 라기스 문서에 공통적으로 나오는 이름들이다. 다 깨진 볼품없는 항아리 파편이 역사의 빛 아래로 성경의 사건들을 드러내 놓는 순간이다.

역사의 진실이 이런 항아리조각들에서 드러나고 있다는 사실은 매우 역설적이지 않은가? 그 형태를 다 갖추고 있을 때보다 그 형태를 잃고 났을 때 더 가치로운 존재가 되다니….

우리의 인생도 그렇다. 소유하고 움켜쥐고 갖추어 가려고 애쓸 때보다 자신의 형상을 무너뜨리고 다 버렸을 때에야 비로소 우리의 가치가 빛을 발하는 것이 아닌가? 적어도 하나님께서 역사의 주관자라는 것을 믿는다면 이 항아리에서 사용하신 동일한 원리를 우리의 인생에도 적용할 것이란 생각이 든다. 질그릇 같은 우리의 형상을 깨뜨려 우리 속에 있는 보화를 보게 할 것이기에….

셉나의 무덤

항아리와 상아 몇 조각, 진흙판에서 이런 감동을 받는 예는 흔한 일이 아니다. 그러나 이 57호 전시실은 마치 이 조각들을 구워 낸 불가마처럼 이 방에 들어온 사람들의 마음을 새롭게 빚어내는 기운이 있다. 그렇게 타오르던 가슴을 정돈하고 56호 전시실로 가려고 하면 아직도 이 방의 사람들을 순순히 놓아 주지 않는 기운 하나가 출입구 왼편 문설주 위에서 잔뜩 웅크리고 있다.

전시된 물건들 중에 가장 불안정하게 놓여 있어 처음에는 전시물이라기보다는 미처 치우지 못한 훼손된 박물관 내부 설비처럼 보인다. 바로 유다 왕 히스기야와 선지자 이사야와 관련 있는 유물인 셉나의 돌무덤 일부이다(사진 26). 공중에 매달려 있는 돌무덤, 물론 비어 있지만 이런 모양으로 자신의 무덤이 후세인들에게 적나라하게 공개되어 구경거리가 되고 있다는 사실을 반길 리 없다. 그렇다면 그런 대접을 받아도 마땅한 인생이나 사건의 주인공은 아닐까 하는 생각이 들었고, 가까이 다가가 보니 그 생각이 틀리지 않았음을 설명서를 통해 알 수 있었다.

이 물건은 원래 산중턱 바위를 파서 만든 동굴무덤 입구에 있던 것으로, 약 100년 전 예루살렘 근처에서 발견된 것을 가져다 놓은 것이다. 그러나 거기에 적혀 있는 글이 해석된 1950년에 이르러서야 이 물건이 진귀한 가치가 있는 물건임을 알게 되었다. 히스기야 통치 초기 때 궁내대신을 지낸 자가 그 주인으로 그는

26 셉나가 마련
한 석관의 일
부, 좀더 선명
한 그림을 위
해 지하 임시
전시실에 있
던 때의 사진
을 실었다

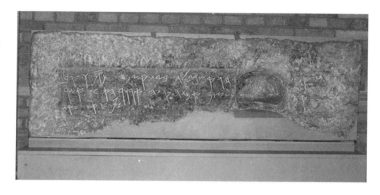

나중에 부정한 행위 때문에 이사야 선지자에게 꾸중을 듣고 파
면되었으며 결국에는 아시리아에 포로로 잡혀간 사람이다. 이
글에 적혀 있는 내용은 이집트의 미라 관을 열게 되는 사람들이
접했을 것과 비슷한 분위기를 풍길 만큼 서늘하다.

여기 있는 사람은 야후(Yahu)인데 왕궁을 관할하던 자이다.
여기에는 은과 금은 없고 자신과 그의 여종이자 아내였던 자의
뼈만이 있을 뿐이다. 이 관을 여는 자에게는 저주가 임하리라.

묻히기도 전에 무덤에 경고문부터 붙였던 이 관의 주인공은
셉나(Shebna) 또는 쉐브나야후(Shebnayahu)로 불리는 히스기
야 시대의 재정 담당관리였다. 여기서 말한 '집을 관할하던 자'
란 표현은 왕의 세간을 맡아 보던 궁내대신을 일컫는 말인데, 이
궁내대신은 생존시절 화려한 무덤을 마련해 놓은 것으로 인해
이사야에게 맹렬한 비난을 받은 적이 있었다.

주 만군의 여호와께서 가라사대 너는 가서 그 국고를 맡고 궁
을 차지한 셉나를 보고 이르기를 네가 여기 무슨 관계가 있느
냐, 여기 누가 있기에 여기서 너를 위하여 묘실을 팠느냐 높은

곳에 자기를 위하여 묘실을 파고 반석에 자기를 위하여 처소를 쪼아 내었도다 나 여호와가 너를 단단히 속박하고 장사같이 맹렬히 던지되(사 22:15~17).

그날에 내가 힐기야의 아들 내 종 엘리아김을 불러 네 옷을 그에게 입히며 네 띠를 그에게 띠워 힘 있게 하고 네 정권을 그에게 맡기리니 그가 예루살렘 거민과 유다 집의 아비가 될 것이며(사 22:20~21).

셉나는 이사야의 예언대로 공직에서 제명되었고 힐기야의 아들 엘리아김(Eliakim)이 대신 그 직무를 맡게 되었다. 이 엘리아김은 후일 산헤립 침공 때 대(對)아시리아 협상팀을 이끄는 직무를 맡기도 했다(사 36:3, 37:2). 셉나는 아시리아 침공 때 사로잡혔거나 아니면 아예 아시리아가 점령한 지역으로 끌려갔을 가능성이 있다. 어쨌든 분명한 것은 이사야의 예언대로라면 셉나는 죽은 뒤 황량한 장소로 내던져졌을 것이며, 자신을 위해 준비해 둔 그 훌륭한 관에는 묻히지 못했다는 사실이다.

정녕히 너를 말아 싸서 공같이 광막한 지경에 던질 것이라. 주인의 집에 수치를 끼치는 너여 네가 그곳에서 죽겠고 네 영광의 수레도 거기에 있으리라(사 22:18).

나라가 이방인들의 침략으로 어지러운 상황인데도 자신만의 유익함을 구하기 위해 화려한 무덤을 조성한 어리석은 사람 셉나, 그의 빈 무덤은 그의 생전의 바람대로 높은 곳에 자리잡고서 이 방을 나가려는 사람들에게 57호 전시실이 만들어 내는 마지막 질문을 던지고 있다.

깨어져도 진실을 담는 인생이 될 것이냐? 아니면 모든 것을 계획하였으나 공허함만이 남는 인생이 될 것이냐?

이런 죽은 자의 궤변적인 질문에 살아 있는 자가 답을 한다는 것은 죽음이라는 인생 최고의 깨우침의 벽을 넘어서지 못한 만큼 늘 상황적인 감정에 의존할 뿐이다. 답변을 요구받은 자가 신앙인이라면 좀더 근원적인 답을 얻기 위해 자신들의 시대보다 더 깊은 지혜를 추구했을 신앙의 인물들과 만나길 원하게 된다. 지금보다 생존의 여건이 훨씬 열악하던 그 험난한 시대에, 단지 자신을 택한 신의 음성을 따라 죽음이 입 벌리고 있는 미지의 세계를 망설임 없이 관통해 간 신앙의 인물들은 그 해답을 알려 줄 지혜를 쌓았을 것이기 때문이다. 56호 전시실은 바로 그곳으로 안내하는 타임머신의 입구가 된다.

메소포타미아 문명과의 만남

27 우르 지역에
서 출토된 여
인들의 장식
품

56호 전시실

우르 지역의 왕 무덤

56호 전시실에서 제일 먼저 눈에 들어 오는 것은 우르(Ur) 발굴 당시 나온 유물들이다. 전시실의 벽면에는 우르 발굴 당시의 사진과 그곳의 위치를 알려 주는 지도, 우르 지역 지배자들의 계보가 걸려 있다. 우르가 처음 발견된 것은 1854년이고 본격적인 발굴은 1922년과 1934년 레오나르도 울리(Leonard Woolley)에 의해 이루어졌다.

발굴된 우르에는 아브라함(Abraham)의 가족들이 존재했다는 직접적인 증거는 없지만, 이 발굴로 예전에는 종종 부인되던 우르라는 도시가 실재했음과 그 도시가 매우 부요했고 문명화된 곳이었음을 알게 되었다. 달의 신을 섬기는 신전인 지구라트 (Ziggurat)가 거대하게 자리잡고 있었고 이층집, 배수시설 같은 건축문화가 발달해 있었으며 돈과 계약서와 영수증을 사용할 정도의 앞선 상거래 문화도 있었다. 더욱이 우르 왕릉에서 출토된 여인들의 장식품들은 그 시대의 장식예술이 상당한 수준이었음을 보여 준다(사진 27). 그만큼 경제적인 여유와 그 치장품을 과시할 만한 무대와 공간이 있었다는 것이다. 아브라함은 바로 이 우르에서 부르심을 받았다.

> 우리 조상 아브라함이 하란에 있기 전 메소보다미아에 있을 때에 영광의 하나님이 그에게 보여(행 7:2).

기원전 22세기 아브라함은 우르의 외곽에서 성장했다. 그런 그가 생전 알지도 못한 신의 부름으로 문명 도시를 떠나 미지의 세계로 목숨을 건 여행을 시작했다.

아브라함을 연상케 하는 유물들

이 밖에 직접적이지는 않지만 아브라함 시절에 대한 성경 기록의 사실성을 입증해 주는 유물들이 56호 전시실에는 사방에 흩어져 있다.

우선은 우르 왕족의 것으로 추정되지만 용처가 무엇이었는지는 불분명한 받침대가 하나 있는데, 거기에 그려 있는 그림을 통해 당시 왕족과 부유한 계층들이 나들이나 여행할 때 갖추었을

28 용도가 불분명한 받침대

[29] 수풀에 걸린
양의 조각

복장을 보게 된다. 그것을 통해 동시대 인물인 아브라함도 그와
같은 모습으로 여행했을 것이라는 추측을 해본다(사진 28).

같은 진열장 안에는 도롱이 모양의 조개껍데기 옷을 입고 있
는 금과 은으로 만들어진 작은 양이 아브라함에 관련된 사건 하
나를 연상케 한다. 이 양은 나뭇가지 사이에 그 뿔이 걸린 채 서
있다. 아브라함이 그 아들 이삭을 번제로 드리기 위해 칼을 빼드
는 순간 하늘에서 음성이 들려 그 일은 중단되고, 그때 하나님이
마련해 두신 번제물의 울음소리가 숲에서 들려온다. 뿔이 나뭇
가지 사이에 걸린 양 한 마리, 그것이 바로 이 형상의 주인공이
다(사진 29).

당시에는 이런 우스꽝스런 상황을 자주 볼 수 있었는가 보다.
많은 사람들이 그 모양을 상으로 만들어 가지고 있다가 그중 하
나가 발견되어 여기에 전시까지 되고 있으니 말이다. 비록 이 작
품은 이삭의 제사가 행해진 시기보다 이른 것이기는 하지만 성
경의 이삭 제사와 관련된 양의 이야기가 사실임을 입증해 준다.

55호 전시실

고대 우르 문화의 찬란함을 뒤로하고 옆방인 55호 전시실로 이
동하면 후기 메소포타미아 지역의 유물들과 만나게 된다. 그 첫
번째 것이 10호 진열장에 전시되어 있는 고대 니네베 지역의 토
판들이다(사진 30).

창조와 홍수 이야기를 담고 있는 니네베 지역의 토판

10호 진열장의 공식 명칭은 '니네베 왕궁도서관'(Royal Library
of Nineveh)이란 꽤 거창한 이름이다. 알고 있다시피 이 고대 국
가시대의 문서 기록방법은 채 마르지 않은 점토판 위에 갈대나
딱딱한 나뭇가지 등을 사용하여 글자를 새긴 뒤 적절한 온도로
구워 내어 영구보존하는 것이었다. 그중에서도 특별히 왕궁도서
관에 보관할 기록이라면 일반 백성들이 봐서는 안 되는 옛날부
터 전해 내려오는 비밀이란 기대를 할 수 있다. 예전 왕들이 백
성들을 통치하는 방법 중 하나가 그들보다 더 많은 지식, 정보,

기술 등을 소유하여 백성들과 지적인 차이를 분명히 하는 것이었기에, 그런 지식의 대부분은 왕가의 비전(秘典)으로 엄격한 통제하에 전수되어 오고 있었다. 당연히 궁금증이 생기지 않을 수가 없었고 가까이 다가가 고대의 비밀이 담겨 있을 도서관을 들여다보았다.

눈에 띄는 것이 두 가지가 있다. 하나는 고대 메소포타미아의 창조설화를 담고 있는 에누마 엘리시(Enuma Elish)로 고대 니네베 터에서 1848년에 발견된 토판이고, 다른 하나는 고대 메소포타미아 지역의 홍수 이야기를 담고 있는 길가메시(Gilgamesh) 서사시로 역시 비슷한 시기에 발굴된 것이다.

먼저 에누마 엘리시를 살펴보자. 왕궁도서관에 보관되어 있을 정도로 귀한 것이지만 진흙으로 구운 것이라 여러 조각으로 깨어지는 수난을 겪었다. 그러나 정성 어린 복원의 손길 덕분에 문서 전체는 아니지만 해독이 가능한 형태를 찾았다(사진 31).

이 토판 속의 이야기는 기원전 1800년경부터 구전되어 온 내용을 기록한 것으로, 전시되어 있는 토판은 원본을 기원전 1700년경에 새로 베낀 일곱 개의 복사판 가운데 하나이다. 이 토판의 내용은 이미 신학계에서는 토론과 연구를 거쳤는데, 신학자들이 이 고대 기록에 관심을 가진 이유는 이 안에 담긴 내용이 창세기의 창조이야기와 비슷하기 때문이다. 논의된 쟁점은 성경의 기록이 이 고대 문서의 영향을 받은 것이냐하는 거였다. 만일 '그렇다'는 답이 나오면 창세기는 하나님의 말씀이라기보다는 고대 문명의 영향으로 집필된 인간의 기록이란 대접을 받게 될 것이며, 동시에 이 토판의 내용이 그렇듯이 성경의 창조 기록도 사실보다는 신화의 수준에 머물게 되는 것이다.

만물의 근원이 되는 압수(Apsu)라는 남신과 티아마트(Tiamat)라는 여신, 이렇게 최초의 신들이 있었다. 그런데 자신들이 낳은 자녀(만물)들이 너무 번잡스럽게 굴어 잠을 잘 수가 없게 된 압수는 자식들을 모두 죽이기로 결심했다. 그러나 그가 그렇게 하기 전에 자녀들 중에 하나가 압수에게 마술을 걸어 그를 살해해 버렸다. 그러자 그의 아내인 티아마트가 남편의 복수를 하기 위하여 몽둥이를 거머쥐었을 때 다른 자녀인 마르두크(Marduk)가 어머니를 죽이고 그 시체로 두 조각을 내어 그 한 조각으로는 하늘을 다른 하나로는 땅을 만들었다. 그 이후 마르두크는 인간을 창조함으로 모든 신들에게 일하는 수고를 덜게 해서 신들의 왕이 되었다.

내용을 알고 나면 조금의 의심도 없이 이것과 창세기의 창조 사건이 아무런 관련성이 없다는 사실을 알 수 있다. 성경은 원래 사람은 거룩하고 전능하신 한 분 하나님의 형상을 따라 만들어졌는데, 타락한 반역자가 됨으로 인해 그의 영적인 삶을 잃어버리게 되었다고 말한다. 그러나 이 메소포타미아의 창조설화는 죄악 된 인간 자신의 모습을 반영해 놓은 것 같은, 다신론적이고 악함과 나쁜 기질로 가득 찬 신들에 대해 말하고 있다.

그렇기에 이것이 발견된 시대가 창세기가 기록된 시대보다 앞선다고 해서, 또 더 발전된 문화가 있던 곳에서 발견된 것이라고 해서 앞선 것이 나중 것의 원전(原典)이거나 영향을 주었다고 판단하는 일은 너무 단순한 논리이다. 어떤 기록이 사실인지, 아닌지 결정짓는 기준은 그 순서에 있기보다는 사실을 기록할 능력이 기록자에게 있었는지가 더 문제이기 때문이다.

에누마 엘리시는 처음의 출발도 인간의 상상이었고, 그 기록의 과정도 인간의 입을 통한 전승에다가 그것을 기록한 사람도 누구인지 정확하지 않은 순수한 인간주의적인 산물이다. 그러나 성경은 그 기록 내용의 출발이 하나님이고, 그것을 기록하게 되는 과정도 성령의 영감이라고 밝히고 있다. 그렇다면 상식적으로 비교해 보아도 순수한 인간의 기록보다는 신의 권위로 봉인한 창세기의 기록이 실제 일어난 사건에 대한 증거라고 보는 것이 더 자연스러울 것이다.

조각을 맞추어 놓은 토판 앞에서 창세기 전체의 기록 경위와 그 역사적 배경을 다 논하고 있는 내 모습이 갑자기 우스워진다. 어느 누구도 그것을 요구하지 않는 질서 정연한 전시실 분위기가 아닌가. 눈길은 자연스레 그 아래에 있는 두번째 토판으로 옮겨 간다.

홍수와 관련 있는 토판은 모두 열두 개인데 여기에 전시된 것은 열한번째의 것이다. 이것들 역시 기원전 17세기경에 복사된 것으로 니네베 왕궁도서관에 보관되어 있던 것이다(사진 32). 이 토판을 놓고 다시 한번 무신론 성경학자들은 성경에 기록된 노아의 홍수 이야기가 고대 전설을 모방한 것이라고 주장했다.

피상적으로 보면 길가메시 서사시는 성경에 나오는 노아 이야기와 매우 비슷하다. 예를 들면 홍수를 피하기 위해 인간들은 배

The Flood Tablet
This is perhaps the most famous of
all cuneiform tablets. It is the
eleventh tablet of the Gilgamesh
Epic, and describes how the gods
sent a flood to destroy the world.
Like Noah, Utnapishtim was
forewarned and built an ark to
house and preserve living things.
After the flood he sent out birds to
look for dry land.

가 필요했고 그 이후의 생존을 위해 가축들을 배에 태워야 했다
는 것 등이다. 길가메시는 46.7평방미터 크기의 배가 있었고 비
록 노아만큼은 아니지만 자신과 함께 동물들을 배에 태웠다. 그
리고 금과 은도 실었다고 하는데, 이 대목 때문에 이 이야기를
꾸며낸 것이라고 본다. 실제의 일을 기록한 것이라면 배에 탄 자
신들 이외에는 사람이 없을 홍수 이후의 사회에서 금과 은 등의
귀금속이 필요할 리가 없기 때문이다.

이외에도 많은 부분에서 이 두 홍수 이야기는 상치된다. 홍수
가 났을 때 길가메시가 신과 자신 사이를 갈라 놓은 신에게 희생
의 제사를 드리는 장면이 있는데, 이 이야기 속에 등장하는 신들
은 탐욕스러우며 폭력적이며 이기적이며 공포스럽고 복수심에
불타는 존재들로서 믿을 수 없게 노골적으로 야만스런 행동을
저지른다.

그렇기 때문에 창세기와 길가메시 사이의 유사성에 대한 좀더
합리적인 설명은 길가메시 이야기가 실제로 일어났던 홍수 이야
기에 그 뿌리를 두고 있다고 보되, 그 내용이 실제로 일어난 사
건을 묘사했다기보다 그 전승과정의 변수들로 인해 실제와는 다
른 형태로 변형되어 기록된 것이라고 이해해야 한다. 그렇다면

한층 세련되고 원숙한 이야기를 펼치고 있는 성경의 저자가 원시적이고 조악한 다신론적인 전설로부터 무엇인가를 베꼈다고 생각하는 것은 이치에 맞을 수가 없음을 알게 될 것이다.

그러므로 이 두 토판이 갖고 있는 가치는 우리가 알 수 없었고 확인할 수 없었던 오래된 역사의 진실을 만나게 해준다는 차원이 아닌, 이 사실을 통하여 창조와 홍수라는 인류 역사 초창기의 사건이 단순히 성경에만 나와서 도저히 그 진실성 여부를 확인할 수 없는 사건이라는 공격을 벗어나는 데 간접적으로 도움을 준다는 것이다. 창조와 홍수라는 인류 초기 역사의 사건은 그 이후 인류의 경험 속에 공통적인 기억으로 남을 만큼 실제적 사건이었음을 이 두 토판을 통하여 확인하게 되기 때문이다. 그러나 그 사건의 실제적 상황은 어디까지나 성경을 통해서만 확인할 수 있는 것임을 재인식하며, 이 전설의 조각들과는 작별한다.

바빌론 연감사료와 유물들

성경을 생동감 있게 만들어 주는 이 전시실의 주요한 품목 중에는 바빌론의 연감사료가 있다. 이것은 아시리아 붕괴 이후 제국의 위용을 계승한 바빌론 왕들의 궁중기록이다. 이 기록들 역시 점토판 위에 기록되어 보관된 것들이며, 그 크기로 보아서 하나의 점토판이 담고 있는 분량은 그리 많지 않은 것 같다. 그렇다면 하루에 일어난 사건을 기록하기 위해서 몇 개의 토판들이 사용되었을까? 수많은 토판들을 앞에 놓고 하루의 일과를 적고 있을 서기관들의 모습을 생각하니 그저 눈요기하는 식으로 간단히 그 앞을 지나가고 있는 관람객들의 모습이 너무 무심해 보인다 (사진 33).

나 역시 그런 무심한 행렬 중에 일부일 수 있었다. 그러나 그 내용이 남유다를 멸망시키고 70년 동안 그들을 포로로 잡고 있었던 바빌론의 궁중기록이라는 사실을 알게 된 이상은 그럴 수 없었다. 그 안에는 분명히 이스라엘과 관련된 사건이 담겨 있을 것이며, 그렇다면 성경과 같은 내용을 공유하고 있을 확률이 높을 것이라는 생각 때문이었다. 그런 내 생각은 틀리지 않았다. 진열장 유리벽 너머에 부동의 자세로 움츠리고 있는 여러 모양의 토판들은 바빌론의 역사와 힘겹게 부대끼며 살았을 이스라엘 민족의 역사를 마치 그들의 발자국이기라도 한 양 한자 한자 매섭도록 깊이 새겨 놓았다.

이 토판들은 기원전 615년의 나보폴라사르(Nabopolassar) 왕부터 기원전 539년 나보니두스(Nabonidus) 왕까지 바빌론 왕들의 취임과 죽음, 그들의 통치기간 중 일어난 중요한 사건들을 담고 있는데 많은 부분에서 성경에 기록된 사건들과 일치한다.

11호 진열장에는 성경의 기록을 입증해 주는 두 가지 유물이 전시되고 있다. 하나는 테일러의 원통기둥이고 다른 하나는 기원전 615년과 609년 사이의 바빌론 연감사료이다.

테일러의 원통기둥은 육각의 기둥 모양으로 된 점토로 구워 만든 40센티미터 크기의 물건인데 모든 면이 다 빽빽한 음각글

34 11호 진열장
의 테일러의
원통기둥

35 기원전 615년
과 609년 사이
의 역사를 기
록한 바빌론
연감사료

씨로 둘러싸여 있다(사진 34). 16호 전시실에서 살펴본 것처럼 산헤립의 유다 침공을 산헤립의 시각에서 바라본 내용을 담고 있다. 산헤립이 예루살렘을 침공하고 히스기야와 일전을 벌인 사건을 좀 다른 시각이긴 하지만 성경과 공통적으로 다루고 있는 고고학적인 자료라는 가치가 있다.

바빌론 연감사료는 바빌론에 의한 아시리아 제국의 붕괴와 수도 니네베 함락을 확증해 주는 것이다(사진 35). 성경에서 이 대목을 기록하고 있는 부분은 나훔과 스바냐서이다. 나훔은 니네베의 다가올 치욕과 약탈을 마치 눈으로 보듯이 기록했다.

화 있을진저, 피 성이여 그 속에서는 궤휼과 강포가 가득하며 늑탈이 떠나지 아니하는도다 휙휙하는 채찍 소리, 굉굉하는 병거 바퀴 소리, 뛰는 말, 달리는 병거, 충돌하는 기병, 번쩍이는 칼, 번개 같은 창, 살육당한 떼, 큰 무더기 주검, 무수한 시체여, 사람이 그 시체에 걸려 넘어지니(나 3:1∼3).

나훔은 이미 16호 전시실의 불에 그을린 벽조각에서도 보았듯이 이 성의 함락이 강물의 범람과 맹렬한 화염에 의한 것이었음을 예언했다.

네가 어찌 노아몬보다 낫겠느냐 그는 강들 사이에 있으므로 물이 둘렸으니 바다가 성루가 되었고 바다가 성벽이 되었으며 (나 3:8).

너의 중 장정들은 여인 같고 너의 땅의 성문들은 너의 대적 앞에 넓게 열리고 빗장들은 불에 타도다(나 3:13).

스바냐(Zephaniah)도 니네베의 함락에 대해 예언했다.

여호와가 북방을 향하여 손을 펴서 앗수르를 멸하며 니느웨로 황무케 하여 사막같이 메마르게 하리니 각양 짐승이 그 가운데 떼로 누울 것이며 당아와 고슴도치가 그 기둥 꼭대기에 깃들일 것이며 창에서 울 것이며 문턱이 적막하리니 백향목으로 지은 것이 벗겨졌음이라 이는 기쁜 성이라 염려 없이 거하며 심중에 이르기를 오직 나만 있고 나 외에는 다른 이가 없다 하더니 어찌 이같이 황무하여 들짐승의 엎드릴 곳이 되었는고 지나가는 자마다 치소하여 손을 흔들리로다(습 2:13~15).

나훔과 스바냐는 모두 아시리아가 건재할 당시에 활동한 선지자들로 하나님의 계시의 영을 받아 바빌론이 니네베를 멸망시킬 것임을 정확하게 예언했다. 그리고 그 예언과 조금도 다를 바 없이 그 성이 멸망했음을 바빌론의 연감사료는 증명해 주고 있다. 이 사료가 밝혀 주는 내용은 기원전 612년에 바빌론이 그의 동맹군들과 함께 어떻게 니네베를 공격했는가 하는 것이다.

아카드(Akkad, 악갓) 왕(네부카드네자르)은 군대를 소집했고 움만-만다(Umman-manda, 메디아와 스키타이) 왕은 티그리스 강둑을 따라 행군하여 니네베를 향하여 진을 쳤다. 큰 공격이 있었고 이 거대한 제국은 패배하였다. 성과 신전들은 약탈되었고 성은 쓰레기 더미와 폐허로 변해 버렸다.

이 사료 안에는 성경의 내용을 입증해 주는 또 다른 내용이 있다. 열왕기하 23장 29절과 역대하 35장 20~24절은 기원전 609년경 이집트의 군대가 유프라테스 지역에 주둔하였다고 밝히고 있는데, 이 같은 상황은 이 사료가 발견되기 전까지는 믿어지지 않고 있던 부분이다. 이집트가 이미 멸망해 있는 아시리아 지역에 군대를 파견해 놓고 있었다는 것이 이해할 수 없는 대목이었기 때문이다.

요시야 당시에 애굽 왕 바로 느고가 앗수르 왕을 치고자 하여 유브라데 하수로 올라가므로 요시야 왕이 나가서 방비하더니 애굽 왕이 요시야를 므깃도에서 만나본 후에 죽인지라(왕하 23:29).

이 사료는 이때의 사건을 이렇게 기록하고 있다.

그날에 이집트 왕 바로 느고가 아시리아 왕을 치려고(이때 '친다'는 말은 오히려 '돕고자 하여'라고 해석해야 한다. 왜냐하면 실제 사건은 바빌론의 성장을 달가워하지 않는 이집트가 몰락한 아시리아의 부흥운동을 돕는 것이었기 때문이다) 유프라테스 강까지 진군했다. 요시야 왕은 바로 느고에 대항키 위하여 왔다.

요시야(Josiah)는 유다의 뛰어난 왕 중의 하나였으나 여기서 운명을 바꾸어 놓는 실수를 저지르게 된다. 니네베의 몰락 이후 이집트는 신흥 바빌론 세력을 견제하기 위하여 몰락한 아시리아 부흥운동의 조력자가 되었다. 그러나 유다의 독립을 위해서는 아시리아의 부흥을 막아야 한다고 판단한 요시야는 모든 경고를 무시하고 아시리아를 도우려고 올라오는 이집트를 저지하기 위해 이 전쟁에 개입했다. 그리고는 마침내 자신이 이집트 왕 바로 느고에게 죽게 될 므깃도로 그의 군대를 진군시킨 것이다.

기원전 609년의 기록을 담고 있는 바빌론의 이 연감사료는 니네베 함락 이후 아시리아의 왕이 피해 있었던 하란 성에서 소규모의 전투가 벌어졌을 때 그 지역에 이집트의 군대가 진주해 있었음을 입증해 주고 있다.

> 그의 통치 16년째 해의 이유(Iyyou) 달에 나보폴라사르는 그의 군대를 소집하여 아시리아로 진군했다. 그리고 아시리아의 왕 앗술우발릿(Ashur-uballit)을 추격하여 하란까지 진군했다. 두려움이 그와 그를 도우러 온 이집트 군대를 덮쳤고, 그들은 결국 그 성을 버리고 떠났다.

나로서는 알 수 없는 고대의 글씨로 가득 찬 작은 점토판 조각들이 여러 세기 동안 무신론자들에 의해 훼손되어 온 성경의 역사적 진실성을 한조각 한조각 맞춰 가고 있다는 느낌이 든다.

이어 15호 진열장으로 가면 11호 진열장에 있었던 바빌론 연감사료의 다른 부분이 전시되어 있다. 이것은 기원전 605년에서 595년 사이의 자료인데 다름 아닌 네부카드네자르 왕의 두 번에

걸친 예루살렘 침공 사실을 담고 있는 연감사료이다. 네부카드
네자르 왕 통치(BC 605~562) 첫 11년 간의 기록을 담고 있는 이
사료는 카르케미시 전투(Carchemish, 갈그미스)와 예루살렘 포
위라는 성경의 기록을 입증해 주는 자료가 된다(사진 36).

성경은 여호야김(Jehoiakim) 11년에 이집트 왕 바로 느고가
또다시 바빌론에 대항하기 위해 몰락해 가는 아시리아 제국의
부흥운동을 도우려 했다고 기록하고 있다.

> 애굽을 논한 것이니, 곧 유다 왕 요시야의 아들 여호야김 제 사
> 년에 유브라데 하숫가 갈그미스에서 바벨론 왕 느부갓네살에
> 게 패한 애굽 왕 바로 느고의 군대에 대한 말씀이라(렘 46:2).

예레미야 선지자는 이미 네부카드네자르가 아시리아와 이집
트와의 모든 전쟁에서 승리할 것과 그 후엔 유다도 점령하여 70
년 동안 포로생활을 시킬 것을 예언했다.

> 보라 내가 보내어 북방 모든 족속과 내 종 바벨론 왕 느부갓네
> 살을 불러다가 이 땅과 그 거민과 사방 모든 나라를 쳐서 진멸
> 하여 그들로 놀램과 치소거리가 되게 하며 땅으로 영영한 황무

지가 되게 할 것이라. 내가 그들 중에서 기뻐하는 소리와 즐거워하는 소리와 신랑의 소리와 신부의 소리와 맷돌 소리와 등불빛이 끊쳐지게 하리니, 이 온 땅이 황폐하여 놀램이 될 것이며 이 나라들은 칠십 년 동안 바벨론 왕을 섬기리라(렘 25:9~11).

그럼에도 불구하고 당시의 왕 여호야김이 친(親)이집트 정책을 고수하면서 예레미야의 예언을 귀담아듣지 않은 것에는 나름의 이유가 있었다. 요시야가 아시리아의 재건을 막기 위해 유브라테스 강 유역으로 이동하고 있는 이집트군을 대적하다가 바로 느고에게 죽임을 당한 뒤 유다의 왕위는 둘째 아들 여호아하스(Jehoahaz)에게로 이어졌다. 그러나 므깃도의 승리 이후 유다에 영향력을 행사할 수 있게 된 바로 느고에 의해 여호아하스는 즉위 석 달 만에 폐위되고 대신 첫째 아들 엘리아김이 여호야김이란 이름으로 왕위를 계승하게 되었다. 폐위된 여호아하스는 이집트로 끌려가 거기서 생을 마쳤다. 그렇게 이집트의 간섭으로 왕위에 오른 여호야김은 자연히 이집트에 조공을 바치는 친이집트 정책을 펼 수밖에 없었고 그로 인해 이같이 이집트의 패망을 예고하는 예레미야의 예언을 귀담아들을 수가 없었던 것이다.

물론 아시리아의 재건을 둘러싸고 이집트와 바빌론은 격돌하게 되었고, 네부카드네자르가 이끄는 바빌론 군대에 이집트는 카르케미시에서 대패했다(렘 46:10~12). 이 전쟁 이후 이집트는 근동지역에서 극도로 축소되어 다시는 그 나라 밖으로 한 치도 나올 수 없는 처지가 되어 버렸다. 그리고 동시에 아시리아는 역사 속으로 영원히 사라져 버렸다.

이집트를 격파한 이후 네부카드네자르는 자신들을 대적한 유다를 공격했다. 예루살렘을 점령한 네부카드네자르는 여호야김을 자신들의 괴뢰정권의 하수인으로 왕위에 남겨 두고 다니엘을 비롯한 유다의 귀족층 젊은이들을 바빌론으로 끌고 갔다. 이것이 기원전 605년에 일어난 1차 바빌론 포로 사건이다.

> 유다 왕 여호야김이 위에 있은지 삼년에 바벨론 왕 느부갓네살이 예루살렘에 이르러 그것을 에워쌌더니, 주께서 유다 왕 여호야김과 하나님의 전 기구 얼마를 그의 손에 붙이시매 그가 그것을 가지고 시날 땅 자기 신의 묘에 이르러 그 신의 보고에 두었더라 왕이 환관장 아스부나스에게 명하여 이스라엘 자손 중에서 왕족과 귀족의 몇 사람, 곧 흠이 없고 아름다우며 모든 재주를 통달하며 지식이 구비하며 학문에 익숙하며 왕궁에 모실 만한 소년을 데려오게 하였고 그들에게 갈대아 사람의 학문과 방언을 가르치게 하였고(단 1:1~4).

바빌론의 연감사료에는 여호야김과 다니엘(Daniel)에 대한 직접적인 언급은 없지만 광범위하게 이때의 사실들을 다음과 같이 입증해 주고 있다.

> 아카드 왕 나보폴라사르 제21년, 왕이 자신의 땅에 있을 때에 왕위 계승자인 그의 장남 느부갓네살이 사령관이 되어 군대를 소집하였다. 그는 이집트를 쳐서 부셔 버림으로 다시는 그들이 일어날 수 없도록 카르케미시로 진군하였다. 바빌론 군대는 그들을 덮쳐 부수어 버렸다. 이와 동시에 네부카드네자르는 하티(Hatti) 지역의 모든 나라들을 점령했다

이 하티 지역에 바로 팔레스타인이 포함되며, 이는 예루살렘이 포위당했고 기원전 605년에 바빌론에 병합되었다는 성경 기록을 입증해 준다.

이 사료에는 2차 예루살렘 침공에 대한 기록도 있다. 성경 열왕기하 24장 8~17절과 역대하 36장 9~10절은 네부카드네자르 왕이 어떻게 예루살렘을 다시 포위했으며 많은 보물과 1만 명의 포로들을 당시 여호야긴(Jehoiachin)왕과 더불어 바빌론으로 끌고 갔으며 대신 시드기야를 꼭두각시 왕으로 세웠는지를 설명하고 있다. 이것이 바로 기원전 597년에 일어난 2차 바빌론 포로이송 사건이며, 이때 포로로 잡혀간 사람들은 대개가 기술자들과 용사들이었다.

이 침공 바로 석 달 전인 기원전 598년 12월경 바빌론 군대는 한 차례 더 예루살렘을 침공했다. 그 이유는 1차 바빌론 침공 때 괴뢰정권의 하수인으로 왕위를 보전하고 있었던 여호야김이 바빌론이 이집트와의 기원전 601년의 전투에서 다소 약해진 모습을 보이자 예전처럼 친이집트적 태도를 취하여 바빌론을 배반하려 했기 때문이다. 이때는 네부카드네자르가 직접 오지는 않았고 그 주변에 주둔하고 있던 다른 부대를 파견했다.

이런 상황에 처하자 선지자 예레미야는 바빌론을 섬겨야 된다고 왕에게 권면했으나 왕은 이를 듣지 않았다. 이로 인하여 여호야김은 살해되고 여호야긴이 왕위에 오르게 된 것이다. 그러나 이 여호야긴 역시도 이내 침공한 네부카드네자르에 의해 석 달 열흘 만에 폐위되고 바빌론으로 잡혀가는 운명에 처하게 된다. 재미있는 점은 포로로 잡혀간 여호야긴의 생활이 고난스럽지가 않았다는 기록이다. 그는 다른 포로국 왕들보다 좋은 대우를 받았으며 일평생을 바빌론 궁에서 지냈다고 한다. 기원전 597년의 일을 적고 있는 사료는 거의 이 성경의 내용과 일치한다.

아카드 왕(나보폴라사르)은 군대를 소집하여 하티 땅으로 진군하였다. 유다 성을 대항하여 진을 치고 성을 포위하였으며 그들의 왕을 사로잡았다. 그는 자신이 지명한 왕을 유다의 왕으로 세운 뒤 무거운 배상금을 받았으며 그것들을 바빌론으로 이송하였다.

　이 포로들 가운데는 분명히 어린 에스겔 선지자도 끼어 있었을 것이다. 포로가 되어 살면서 선지자로 부름 받아 적국의 땅에서 자신들의 미래를 예언해야 하는 독특한 상황의 선지자는 자신이 선지자로 부름을 받을 것인지도 모른 채 자신 앞에 놓인 운명을 따라 적국의 땅으로 끌려갔다.

　이 사료에는 여호야긴이 바빌론에 포로로 끌려갔다는 내용은 보이지 않는다. 그러나 기원전 595~590년 사이에 포로들에게 식량을 지급한 내용을 기록한 바빌론의 다른 토판으로 이 사실은 확인할 수 있다. 거기에는 그의 다섯 아들과 함께 달마다 식량을 공급받은 여호야긴의 이름이 나와 있다. 또한 기름을 배급받은 뒤 써준 석 장의 기름 영수증도 기원전 592년의 날짜로 찍혀 있다고 하는데, 관계된 자료를 통해서만 확인될 뿐 현재 이 방에서 이 사실을 담고 있는 토판을 발견할 수 없다는 점이 아쉬움으로 남는다.

　풍상의 세월 탓인지 모양도 각각인 이 토판들을 보고 있노라니 역사라는 공간을 채워 가시는 하나님의 손길의 다양함을 느낄 수 있다. 같은 시절의 같은 사건을 경험했건만 이스라엘은 이스라엘대로 그 사건을 경험한 기록을, 바빌론은 바빌론대로 그 사건을 경험한 기록을 남겼다. 그리고는 그 당시에는 아무런 관련성도 없는 일처럼 각각 보관되어 오다가 20세기를 사는 우리의 눈앞에서 하나의 기록으로 만나고 있는 것이다. 이렇게 입체적으로 사람들의 삶을 계획하고 인도하시는 분의 지혜와 섭리의 용량은 얼마나 크다고 해야 될까? 그런 분이 인도하시는 역사의

37 네부카드네
자르의 이름
이 새겨진 벽
돌

파노라마 속에 나도 한 지점을 표시하는 좌표라고 생각하니 경이로운 느낌마저 든다.

12호 진열장과 14호 진열장에는 공통된 물건이 진열되어 있다. 네부카드네자르의 이름이 찍힌 벽돌이다(사진 37). 네부카드네자르는 기원전 605부터 562년까지 바빌론을 통치했는데, 그는 막강한 정복왕이었을 뿐만 아니라 바빌론 도성을 당대 최고의 도시로 건설한 건축의 귀재이기도 했다. 성경도 이 사실을 다니엘의 입을 통해 기록하고 있다.

이 모든 일이 다 나 느부갓네살 왕에게 임하였느니라 열두 달이 지난 후에 내가 바벨론 궁 지붕에서 거닐새, 나 왕이 말하여 가로되 이 큰 바빌론은 내가 능력과 권세로 건설하여 나의 도성을 삼고 이것으로 내 위엄의 영광을 나타낸 것이 아니냐 하였더니(단 4:28~30).

아마 이때 네부카드네자르가 거닐었을 왕궁의 지붕은, 그 지붕 위에 지었다고 믿어지는 '공중정원'(Hanging Gardens)이었을 것이다. 여기에 전시된 벽돌에는 그의 이름과 직위와 함께 그의 아버지 나보폴라사르의 이름이 찍혀 있다. 주변에 함께 전시되어 있는 벽돌조각과 타일은 유약의 색깔이 아직도 선명해서 당시의 발전된 건축기술과 건축자재의 우수함을 느끼게 해준다.

그러나 이 대제국 바빌론도 영원하지 못했다. 14호 진열장과 15호 진열장에는 바빌론의 마지막 왕 나보니두스의 역사적 자료들이 전시되어 있다.

당시 바빌론의 실제적 왕이었던 벨사살(Belshazzar)은 자신의 업적을 기리며 신을 경배하기 위해 성대한 연회를 베풀었다. 그는 저녁 술좌석의 기운으로 적당히 취해 있었으나 속은 대제국의 지배자가 갖는 자만심으로 가득 차 있었다. 그날의 장면을 다니엘서 5장은 이렇게 적고 있다.

그때에 사람의 손가락이 나타나서 왕궁 촛대 맞은편 분벽에 글자를 쓰는데 왕이 그 글자 쓰는 손가락을 본지라 (중략) 그날 밤에 갈대아 왕 벨사살이 죽임을 당하였고(단 5:5~30).

다니엘은 이 사건이 메디아(Media, 메데)가 바빌론 제국을 멸망시킨 기원전 539년 바로 직전에 일어났다고 기록했다. 연회하는 왕으로서 불리던 벨사살은 만일 다니엘이 이 벽에 쓰인 글씨를 해석할 수 있다면 다니엘을 왕국의 삼인자의 지위에 올려놓겠다고 약속했다.

그러나 다니엘서에 기록된 이 대목은 역사학자들에게 성경이 부분적으로 꾸며 낸 이야기를 담고 있다는 비난의 근거로 사용되었다. 그 이유는 역사학자들에게 바빌론의 마지막 왕의 이름은 나보니두스로 알려졌고 여기에 나오는 벨사살은 다니엘서 이

외에서는 들을 수 없는 이름이었기 때문이다. 그러나 바빌론에 관한 유물들이 발굴되면서 이러한 주장은 수정되어야 했다. 이 유물들은 나보니두스가 거처를 바빌론에서 테마(Tema)로 옮겼으며 그동안에 왕위를 자신의 장자에게 대신토록 했다고 말하고 있기 때문이다. 나보니두스의 사료는 바로 그 핵심을 지적하고 있다.

> 왕이 테마에 있을 때 그의 아들과 나라와 군대는 바빌론에 있었다.

이것으로 다니엘서의 역사성이 옹호될 뿐 아니라 왜 벨사살이 다니엘에게 단지 삼인자의 자리를 약속했었는지 비로소 이해할 수 있게 된다. 자신이 이인자의 위치에 있었기 때문이다.

14호 진열장은 이 벨사살에 대한 첫번째 증거를 보여 주고 있다. 우르의 지구라트에서 발견된 나보니두스의 원통기둥이다. 아프리카인들이 즐겨 사용하는 드럼처럼 생긴 원통을 옆으로 눕혀 놓은 것 같다(사진 38). 다른 연감사료와 마찬가지로 진흙으로 제작되었는데 거기에는 나보니두스가 지구라트를 증축한 이유를 바빌론의 쐐기문자로 기록하고 있다. 그 기록의 끝부분에 자신의 아들인 벨사살의 종교생활을 위한 기도를 적었다.

> 벨사살, 나의 장자, 나의 진실된 후손…

15호 진열장에는 기원전 555~539년을 다룬 나보니두스의 연감사료가 있다(사진 39). 이것은 나보니두스가 테마에 머문 10년 동안 아들 벨사살이 나라를 다스렸음을 언급하고 있으며 기원전 539년에 일어난 바빌론 함락에 대해서도 확인해 주고 있다.

38 나보니두스
의 원통기둥

키루스(고레스)가 오피스(Opis)에서 바빌론의 군대를 공격했
을 때 메디아의 신들이 사방으로부터 바빌론으로 몰려들어 왔
으며 백성들은 바빌론을 배반했다. 그로 인해 키루스의 군대
는 한 번의 전투도 치르지 않고 바빌론에 입성할 수 있었다.

다니엘서가 기원전 6세기에 쓰인 책이지만 그리스도의 때까
지의 미래제국들에 관하여 예언하고 있기 때문에 비평학자들은

39 나보니두스의 연감
사료인 24번 토판

이 책이 후세에 쓰여진 것이라는 주장을 해왔다. 그러나 이제 우리는 다니엘서가 정확하게 기원전 6세기에 쓰였다는 두 가지 증거를 확보하게 되었다.

하나는 다니엘서의 저자가 헤로도토스(Herodotos)가 역사를 쓴 기원전 450년에는 이미 완벽하게 잊혀졌다가 오늘날에 이르러서야 고고학적 발굴의 덕분으로 알려지게 된 기원전 6세기의 왕 벨사살에 관하여 알고 있었다는 점이다. 또 다른 하나는 이 책의 저자가 바빌론이 네부카드네자르에 의해 재건축되었음을 역시 알고 있었다는 점이다(단 4:30). 이 사실도 역시 최근의 고고학적 발굴이 있기 전에는 역사가들에게 알려져 있지 않았다.

어차피 역사는 하나님께서 펼쳐 가시는 것이기에 그분이 하실 일을 당신의 선지자들에게 미리 말씀하셨다는 사실이 이상할 게 없다. 그러나 세상은 언제나 그렇듯이 인간이 아닌 다른 존재가 자신들의 삶에 관여하고 있다는 것, 더군다나 그 존재가 전능한 지혜와 끊임없는 성실함으로 직접 그 역사의 시종을 이끄는 주체가 된다는 사실을 인정하려고 하지 않는다. 인간은 자신만이 역사의 주인공이자 그 역사를 의미 있게 하는 주체라는 오만함을 가진 존재이기 때문이다.

그러나 결국 역사는 스스로 이 역사를 움직이는 존재가 따로 있음을 고백할 수밖에 없게 되었다. 성경을 무너뜨리기 위해 시작한 인류의 과거를 캐내는 작업이 오히려 성경의 사실성만을 자꾸 드러내 주기 때문이다. 고대의 무덤들이 침묵하던 입을 열어 자신들이 품고 있던 이야기를 말하기 시작하자 기존의 역사에 대한 지식들이 무너지고 다니엘서와 같은 성경의 기록이 참된 진리임이 드러나게 된다. 성경에서는 이미 말하고 있던 그 진실 말이다.

56호 전시실과 55호 전시실을 다 둘러보는 데는 길어야 한 시간 남짓이면 족하다. 그러나 그것은 현실의 시간으로 말할 때다. 이 전시실 안에서 우리는 모두 공간을 초월한 시간의 여행자가 된다. 창조의 빛이 비취는가 하면 하늘이 어두워지고 노아의 방주는 머무를 곳을 찾아 떠다닌다. 긴 여행으로 뽀얗게 먼지를 뒤집어쓴 아브라함의 모습을 보는가 하더니, 이삭의 목을 누르던 손길에서 힘을 빼고 숲 속에서 울려 오는 낯선 양의 울음소리에 어리둥절해하는 아브라함의 모습을 본다. 예루살렘을 향해 달려오는 군대들의 창검이 눈부시다. 이집트와 아시리아와 바빌론 그리고 메디아의 방언으로 떠드는 함성소리를 듣게 된다. 예루살렘 성은 불타오르고 포로로 잡혀가는 백성들의 행렬은 끊어질 줄 모른다. 발음하기도 힘든 왕들의 이름들이 열거된다. 나보폴라사르, 네부카드네자르, 나보니두스, 벨사살. 한 시간 동안에 만나기엔 너무나도 벅찬 이름과 사건들이다. 수천 년의 시간이 담아 낸 하나님의 작품들이 여기 이 작은 공간에서 역사의 진실을 만나 보길 원하는 사람들을 기다리고 있다.

55호 전시실을 빠져 나와 가던 방향으로 54호 전시실과 53호 전시실을 지나면 동쪽 계단과 연결되는 작은 공간이 있다. 그 계단을 따라 아래층으로 내려가면 박물관에 부속된 도서관으로 연결된다. 원래 이 도서관에는 희귀본 도서들과 성경 사본 등이 전시되어 있었다. 시대별로 제작된 성경 인쇄의 역사와 사해에서 발견된 성경의 두루마리 사본들을 볼 수도 있었다. 또 영국이 인도와도 바꾸지 않겠다던 셰익스피어의 원전 도서들을 볼 수도 있었던 곳이다. 1997년도엔 도서관 한쪽에 마련된 임시 전시실에서 우리 나라의 고구려 고분벽화 사진전이 열리기도 했다. 그러나 도서관이 킹스크로스 역 주변의 신축 도서관으로 이주했기 때문에 아쉽게도 볼 수 없게 되었다. 대신 여기에는 새로운 공간이 들어서고 있다.

　왼쪽으로 가면 아까 61호실부터 시작된 이집트의 미라들의 세계가 마무리되는 65호실로 연결된다. 발걸음을 오른쪽으로 돌리면 이 여행의 마지막 순례 장소인 페르시아 제국의 영토, 성경에서 바사로 부르던 대제국의 세계로 들어가는 입구가 나온다.

페르시아 제국과의 만남

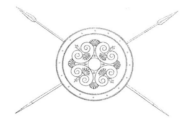

52호 전시실

창을 든 궁수

52호 전시실에는 성경의 역사성을 입증해 주는 결정적인 유물이 전시되어 있다. 그러나 거기까지 도달하기가 여간 만만한 게 아니다. 입구를 가로막고 있는 문지기의 매서운 눈초리를 통과해야 되기 때문이다. 사람 실물 크기의 창을 든 궁수는 황제의 경호원을 그린 것으로서 수사(Susa, 수산)에서 가져왔다(사진 40). 이 성은 다리우스(Darius, 다리오) 대제가 기원전 490년에 건설한 것으로 유약을 바른 타일로 치장되어 있는데, 그 장식 그림 중에 하나가 이 방의 감시병인 양 문의 정면에 버티고 서 있는 것이다. 이 그림은 기원전 479년에 크세르크세스(Xerxes), 히브리 음가로는 아하수에로(Ahasuerus)의 왕비가 된 유대인 여자 에스더(Esther)에게는 이미 친숙한 장식이었을 것이다. 그녀가

여주인으로 있었던 왕실 주변을 경호하던 경호인들의 모습이기 때문이다.

이 그림을 이 박물관에 전시된 이집트의 유물과 비교해 보는 것도 흥미로운 일이다. 이집트의 그림은 '정면성의 원리'에 입각해서 그려졌다. '정면성의 원리'란 인체를 묘사할 때 폭이 넓은 쪽을 우선적으로 그리는 방식을 말한다. 그러면 눈은 정면, 얼굴은 옆모습, 가슴은 다시 정면, 다리는 보폭을 보여 주는 측면이 각각 혼합되어 그려지게 된다. 나중에 입체파의 효시가 된 피카소의 그림을 초기 상태로 보는 느낌이다. 곧 '보이는 대로'가 아닌 '이상화된 양식'에 따라 그리는 것이다(사진 41). 아마도 미라를 만들 정도로 이상주의적인 가치관을 택했던 이집트인들의 이상주의적인 사고가 빚어낸 또 다른 관념의 세계라 할 수 있을 것이다.

이에 비해 페르시아의 그림은 사실적이다. 옆을 보고 있는 궁수의 모습은 얼굴과 몸통과 팔의 위치 등이 일치되어 그려져 있다. 더군다나 그가 입고 있는 의상은 질감을 느낄 수 있을 만큼 사실적이다. 그러고 보니 이런 사실감은 아래층에서 관람한 아시리아의 유물에서도 느낄 수 있었다. 살만에셀 3세의 블랙 오벨리스크에 새겨진 이스라엘 왕 예후가 살만에셀에게 공물을 바치기 위해 접견하고 있던 모습은 너무나 사실적이라 섬뜩한 생각마저도 들지 않았던가.

이유가 무엇일까? 왜 이집트의 것과 메소포타미아 쪽의 표현법이 다른 것일까? 미술사나 고고학을 전공하지 않은 사람으로는 답을 내기가 쉽지 않다. 그렇다고 마냥 이 예리한 눈을 갖고 있는 문지기의 앞에서 머뭇거리고 있는 것도 마땅치 않기에 성급하게 내려보는 나름의 결론은, 아마도 '문명의 차이'라기보다는 '시간의 차이' 때문이 아닐까 하는 생각이다.

이집트의 그림이 기원전 1,000년 정도의 것이라면 아시리아나 페르시아의 그림은 그 이후 시대의 산물이다. 어떤 문명이든 고대로 갈수록 이상적인 것을 추구했고 시간이 흐름에 따라 사실적인 것을 추구하는 변화를 겪는 것이 아닌가 하는 생각이 들었다. 그렇게 본다면 같은 메소포타미아 문명의 산물인 고대 우르 지역 왕 무덤에서 발견된 용도불명의 받침대에 그려진 귀족들의 이동 모습은 왜 이집트의 유물과 같은 '정면성의 원리'를 따라 그려져 있었는지 이해하게 된다(사진 28). 역시 아시리아나 페르시아보다 앞선 것이다.

인간은 고대로 갈수록 인간 자신에 눈을 돌리기보다는, 창조될 당시의 이상적인 세상과 인간의 모습을 그리워했으며 그 세상으로 돌아가기 위한 흔적들을 자신들의 삶의 여러 모양을 통해 표현한 것이 아닌가 하는 생각이 들었다. 돌아갈 수 없는 이상향에 대한 그리움 말이다.

키루스의 원통서판

자신들의 세계를 보여 주어도 괜찮을 만큼 진지한 방문객이라고 생각했는지 문지기의 눈초리가 한층 부드러워졌다. 그 틈을 타

서 그의 뒤편을 돌아 이 박물관에서 가장 보고 싶은 유물이 전시되어 있는 6호 진열장을 향해 다가간다. 따로 불빛이 필요하지 않을 만큼 진열장 안의 조명은 밝다.

이 진열장 전시번호 7에 있는 술통 모양의 점토기둥, 이게 그 유명하고 소중한 키루스의 서판이다(사진 42). 다른 원통형 기둥들과 마찬가지로 겉은 쐐기문자로 가득 메워져 있고 중앙에서 오른쪽으로 깊은 금이 가 있어, 혹시 중요한 대목이 손상된 것이 아닌가 하는 염려가 들기도 했다. 이 점토기둥은 키루스가 바빌론 요새를 재건축한 일을 기념하기 위해 제작한 것인데 여기에 새겨진 글들은 바빌론의 마지막 왕 나보니두스의 사악함과 의롭지 못함에 대해 언급하고 있다. 또한 키루스 왕이 어떻게 피 한 방울 흘리지 않고 기원전 539년에 바빌론 제국을 멸망시킬 수 있었는지 이야기해 주고 있다.

예전 비평학자들은 기원전 6세기 페르시아 제국의 황제가 포로들을 풀어 주며 종교의 자유를 선포할 만큼 정치적으로 지혜로웠다는 기록을 비웃으며, 다음의 에스라서 서두는 역사적 신빙성이 없다고 여겼다.

바사 왕 고레스 원년에 여호와께서 예레미야의 입으로 하신 말씀을 응하게 하시려고 바사 왕 고레스의 마음을 감동시키시매 저가 온 나라에 공포도 하고 조서도 내려 가로되 바사 왕 고레스는 말하노니 하늘의 신 여호와께서 세상만국으로 내게 주셨고 나를 명하사 유다 예루살렘에 전을 건축하라 하셨나니 이스라엘의 하나님은 참 신이시라 너희 중에 무릇 그 백성 된 자는 다 유다 예루살렘으로 올라가서 거기 있는 여호와의 전을 건축하라 너희 하나님이 함께하시기를 원하노라(스 1:1~3).

그러나 키루스의 원통서판 발견으로 에스라서에 대한 비판들은 잠잠해졌다. 이 서판의 끝부분에서 외국인 포로들의 사회적 신분과 자유를 회복시키고 그들의 전통에 따라 예배할 수 있도록 귀향을 종용했다는 키루스의 식민지정책에 대한 기록이 나오기 때문이다.

바빌론에 거주하고 있는 자들에 관하여 (중략) 나는 버려져 있는 그들의 땅에 구원의 손길을 베풀었다. (중략) 나는 티그리스 강 저편에 있는 신성한 도시로 예전에 그들과 함께 존재했을 신상들을 되돌려 보냈으며 그것들을 위하여 성소도 짓게 했다. 그 성소들은 오랫동안 폐허로 있어 왔다. 또한 나는 그 땅의 예전 주민들을 모아 그들의 땅으로 되돌려 보냈다.

이 키루스의 칙령에 따라 70년 만에 자신들의 땅으로 돌아오게 된 유다 민족의 마음은 어떠했을까? 70년이라면 중년층 이상은 이미 이국 땅에서 생을 마쳤으며 갓 태어난 아이들도 생의 마무리 단계에 이른 때이기에 이미 타국의 삶이 익숙해진 기간이다. 그렇다면 오히려 돌아가는 것이 더 번거롭고 거북한 일이 아니었을까? 노인들이 견디기 힘든 정신적인 충격은 살던 곳을 변

경하는 것이라지 않는가.

그러나 이들은 70년을 한결같이 기다리고 있었던 것처럼 온 백성이 일어나 자신들의 옛 고향으로 돌아갔다. 그리고 기어코 성전을 재건하고는 노인들은 울음으로, 젊은이들은 기쁨으로 자신들의 귀환을 확인했다(스 3:12~13). 마치 먼 길을 떠났다가 그리운 부모의 품으로 돌아가는 자녀들처럼 그렇게 돌아간 것이다. 죄악이 끊어 놓은 70년이란 격리의 세월을 하나님께서 다시 회복시켜 주신 사실을 알았던 것이다.

다리우스 대제의 인감

키루스의 서판과 더불어 6호 진열장에는 또 다른 성경의 기록과 관련 있는 인물을 소개해 주는 유물이 있다. 사람들의 눈길을 벗어날 만큼 작지만 다행히 여러 개가 한꺼번에 전시되어 있어 그렇지는 않다. 다리우스 대제의 인감인데, 다른 페르시아 왕들의 인감들과 함께 키루스의 서판 왼쪽에 전시되어 있다. 이 인감들은 언뜻 보면 오늘날의 도장과 비슷하나 사용법은 판이하다. 요즈음은 아랫면에 새긴 그림이나 글자를 찍어 누르는 식으로 사용하는 데 비해 이것들은 도장 옆면에 새겨진 그림을 한 방향으로 밀어야 그 내용을 확인할 수 있다. 그래서 각 도장 옆에는 그림을 함께 전시하여 그 도장의 내용을 보여 주고 있다(사진 43).

이 인감의 주인공인 다리우스는 누구인가? 성경에는 두 명의 다리우스에 대한 기록이 있다. 첫번째 인물은 페르시아 왕 키루스의 명을 받아 기원전 539년에 함락된 바빌론 지역을 통치한 분봉왕 다리우스인데, 그는 다니엘서 6장·9장·11장에서 다니엘을 사자 굴에서 건져낸 왕으로 우리에게는 낯익은 인물이다. 그러나 도장의 주인은 아니다.

이 도장의 주인공은 분봉왕 다리우스 이후에 키루스의 후계자

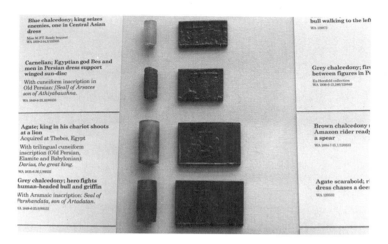

로서 페르시아 제국 전체를 다스린 다리우스 1세이다. 성경에서
그에 대해 언급하고 있는 곳은 스가랴, 학개, 에스라서이다. 스
가랴(Zechariah)와 학개(Haggai) 선지자는 자신의 예언의 말씀
이 각각 다리우스 왕 몇 년에 임한 것임을 밝히고 있는 형태로
그의 존재를 말하고 있고(슥 1:1, 7:1, 학 1:1, 2:10), 에스라(Ezra)
는 성전 건축과 관련한 사건 속에서 다리우스를 언급함으로써
그가 귀환한 유다 백성들과 어떤 관계에 있었는지 구체적으로
알려 주고 있다.

> 만일 열왕이나 백성이 이 조서를 변개하고 손을 들어 예루살
> 렘 하나님의 전을 헐진대 그곳에 이름을 두신 하나님이 저희
> 를 멸하시기를 원하노라 나 다리오가 조서를 내렸노니 신속히
> 행할지어다 하였더라(스 6:12).

이러한 다리우스의 도움으로 성전공사가 재개된 것은 다리우
스 1세 2년(BC 520) 6월이었다. 이렇게 다시 시작된 공사는 약 4
년이 더 걸려 끝나서 전체적인 성전 재건에 걸린 시간은 약 20년

이다. 키루스 통치 후반 2~3년째부터 시작되어 다리우스 1세의
재위 후 6년까지 걸린 것이다.

　다리우스는 그의 선왕 키루스가 시작한 정책을 그대로 유지하
여 외국인들을 그들의 고향으로 돌려보내는 일과 자신들의 종교
를 추구하는 일들을 장려했다. 이 원통기둥 모양의 다리우스의
도장은 쐐기문자로 각인된 점토판 서류 위에 왕의 허락이 재가
되었음을 나타내기 위하여 사용하는 것인데, 유대인들에게 성전
을 재건해도 좋음을 허락하는 조서에도 이 도장이 찍혔을지 모
른다는 생각을 하니 다시 한번 찬찬히 도장의 모양을 들여다보
게 된다. 전차에 타고 있는 다리우스가 사냥터에서 포효하고 있
는 사자를 맞닥뜨린 장면을 새긴 것이다.

아닥사스다 왕의 은식기

이 여행의 마지막 목적지는 신비한 광채로 다가온다. 키루스와
다리우스의 유물 옆에 자리를 잡은 7호 진열장에서 발산되는 고
대 문명의 빛이다. 페르시아의 왕궁에서 사용되었을 금과 은으
로 만들어진 다양한 용도의 식기류들이 전시되어 있다. 그 가운
데 눈길을 끄는 것은 단연 '크세르크세스의 아들, 다리우스의 아
들'이라고 새겨진 아닥사스다(Artaxerxes)의 은대접이다(사진
44). 그러면 이 식기의 주인공인 아닥사스다는 다리우스의 손자
인 셈이다. 이 세 왕들은 모두 에스라 4장에 언급되어 있다.

> 바사 왕 고레스의 시대부터 바사 왕 다리오가 즉위할 때까지
> 의사들에게 뇌물을 주어 그 경영을 저희하였으며 또 아하수에
> 로가 즉위할 때에 저희가 글을 올려 유다와 예루살렘 거민을
> 고소하니라 아닥사스다 때에 비슬람과 미드렛닷과 다브엘과
> 그 동료들이 바사 왕 아닥사스다에게 글을 올렸으니 그 글은

아람 문자와 아람 방언으로 써서 진술하였더라(스 4:5~7).

크세르크세스, 곧 아하수에로는 기원전 486년에 아버지 다리
우스 1세의 뒤를 이어 왕이 된다. 그의 나이 17세에 왕비 와스디
(Vashti)를 폐위하고 대신 에스더를 그 자리에 앉힌 바로 그 사람
이다. 그러나 얼마 있지 않아 아하수에로는 신하들에게 신임을
잃고 살해당하고 그의 아들 아닥사스다가 왕위에 오른다. 아하
수에로가 신임을 잃어버린 이유는 그리스와 격돌한 기원전 480
년 살라미스 해전에서의 참패이다.

에스라 4장 7~23절에는 왕위를 이어받은 아닥사스다가 바로
잠시 중단되었던 예루살렘 성 재건을 다시 허락한 사람이라는
사실을 기록하고 있다. 에스라 자신도 이 성의 재건 사역을 관리
할 사람의 자격으로 기원전 458년에 왕에 의해 파견된 사람이었
기 때문이다. 또한 아닥사스다는 3년 뒤에 자신의 술 따르는 관
리 느헤미야(Nehemiah)를 유대지역의 총독으로 예루살렘에 파
견한다. 이런 상황으로 보아 아닥사스다는 페르시아의 왕 중에
서 유대인에게 가장 관대했던 왕이란 칭호를 들을 만하다.

그런 그가 사용한 은 식기류가 이 7호 진열장 안에 가득 전시되어 있다. 내각관료의 일원으로서 왕을 가까이 모신 느헤미야의 손길이 닿았을 법한 커다란 은대접이 조명의 각도에 따라 때로는 은색으로 때로는 금색으로 번쩍이고 있다. 마치 폐관시간이 되어 조명과 함께 어두움 속으로 가라앉을 그 침묵의 시간이되기 전에 마음껏 제국의 영광을 발휘하기라도 하듯 말이다.

여행을 마치며

52호 전시실, 이제 이 긴 시간 여행의 종점에 와 있다. 이 방을 지나면 그리스와 로마의 문명과도 만날 수 있다. 그러나 여기까지가 이 여행의 끝이다. 세상의 역사가 무시하던 성경의 기록이 오히려 세상의 기록에 의해서 실제 역사임이 증명된 이 신비한 여행 말이다. 아시리아와 바빌론은 그 당시에도 부패한 이스라엘 백성들을 돌이키기 위해 사용된 하나님의 도구였다. 20세기에도 그들의 역할은 변하지 않았다. 자신들의 자존심을 위한 기록이긴 했지만 그것을 통해 성경의 진리 됨을 증명해 주는 하나님의 도구가 되고 있기 때문이다.

과거의 여행으로부터 현실의 세계로 돌아오는 길은 52호 전시실을 되돌아 나와 동쪽 계단을 통해 아래층으로 내려오거나 52호 전시실을 통과하여 고대 영국의 유물들이 전시된 방들을 지나 중앙계단을 통해 아래층으로 내려오는 방법이 있다. 어느 길을 택하든 이 여행을 시작한 중앙 현관으로 나오게 되기에 여행자는 다시 자신의 세계로 돌아갈 수 있을까 하는 긴장을 놓을 수 있다.

중앙 입구는 여전히 사람들로 북적거리고 있다. 아직까지 어디서부터 자신들의 여행을 시작해야 할지 정하지 못한 사람들의 발걸음이 안내 데스크 앞을 메우고 있다.

"저들은 어떤 경로를 통해 어떤 세상과 만나게 될 것인가?" 이집트의 미라, 나폴레옹이 발견했다는 로제타 석비, 표호하는 사자를 조각해 낸 아시리아인들의 예술적 감각, 반환을 요구받고 있는 그리스의 신전조각과 사람보다 더 사람 같은 그리스의 인물상들, 중세와 르네상스 시대 유럽인들의 생활도구들, 인도의 기기묘묘한 형상의 우상들, 동양의 신비한 분위기를 자아내는 중국의 도자기들, 조그마한 전시 공간을 얻어낸 한국의 미술품들…. 이 박물관을 찾는 사람들이 만날 수 있는 세상들이다.

그러나 그들에게 소개하고 싶은 세상이 있다. 역사의 먼지 속으로 사라져 버렸을 것 같은 옛사람들의 기록까지도 오랫동안 침묵했던 무덤 속에서 나타나 증언해 내는 그런 세상, 하나님이 인도하신 역사, 하나님이 세우신 나라, 그리고 그 역사와 나라가 궁극적으로 그려 보이고 싶어한 영원한 나라 말이다. 중앙 현관에서 왼쪽으로 보이는 서점 옆에 마련된 복도를 따라오면 이 세상을 만날 수 있다.

많은 사람들을 영접해야 되는 스로안 백작에게는 제대로 인사를 할 수 없어 그저 눈짓으로만 잘 보았다는 신호를 한 뒤 현실의 시간이 존재하는 밖으로 나왔다. 들어가려는 인파와 나오려는 인파가 마치 채 마르지 않은 수채화의 물빛처럼 자연스럽게 섞이고 있다. 정오의 햇살 탓인지 눈이 따갑다. 아침나절을 메우던 축축한 안개비의 흔적도 어느새 증발해 버려 세상은 이미 만개한 꽃처럼 한여름의 밝은 빛 아래 자신의 모든 것을 숨기지 않는다. 그랬다. 장구한 인류역사의 숨결을 품은 20세기의 런던 거리는 그렇게 새 천년의 문턱에 눈이 부시도록 선명하게 서 있었다.

에필로그

기독교에 관련된 많은 역사적 자료들이 세계 곳곳에 산재해 있다. 그러나 그 중심격인 예루살렘마저도 우리에게는 너무 멀리 있고 혹 그곳에 갈 행운이 온다고 할지라도 전문적인 가이드의 도움이 없다면 그저 흔한 돌더미요, 동굴에 지나지 않는다고 여겨지는 장소 몇 군데를 의미 없이 거쳐 오게 될 뿐이다. 그러나 이제 그런 아쉬움에 작은 도움이라도 줄 수 있겠다고 여겨지는 기회를 얻었다.

성경이 하나님의 살아 있는 말씀이 되어서 삶의 변화를 위한 깨우침과 지혜를 가져다 주는 방법에는 여러 가지가 있을 것이다. 말씀을 전하며 가르치는 목사들은 그 방법을 찾아 많은 것을 투자하기도 한다. 그러나 많은 경우 그 결과에 대해서는 무기력함을 느낀다. 비록 그것이 하나님의 말씀을 도구로 한 것이라 할지라도 인간이란 말이나 설명에 의해서 변화되기에는 너무나도 자기 중심적인 세계를 갖고 있는 존재란 사실에 부딪히기 때문이다.

그래서 어떤 때는 비언어적인 것들이 더 사람의 생각을 파고 든다. 그럴 때는 그 속에 하나님의 음성이 실려 있는 것 같기도 하다. 나는 이 책에 등장시킨 일련의 고고학적인 유물들이 자신의 말씀인 성경에 대해 하나님 자신이 마련한 증명법이라는 생각이 든다. 하나님께서는 말씀만을 하신 것이 아니라 역사적 사건이란 상황 속에다 자신의 말씀을 쓰셨기 때문이다. 그리고는 적절한 때 그 기록된 성경말씀에 짝이 될 역사의 증거물을 과거의 세상으로부터 건져 올려 우리 앞에 펼쳐 보이신다. 우리는 이 책을 통해 그 현장들을 함께 여행했던 것이다.

거친 가나안 땅을 걸으며 아브라함이 바라다보았을 그 시대의 장면들을 함께 보았다. 여호수아의 군대가 자신들의 땅으로 진격해 들어오는 소리에 소스라치게 놀라, 그 소식을 자신들의 주인인 이집트 왕에게 전하려고 애쓴 가나안 왕들의 음성에도 귀기울여 보았다. 이스라엘 포로들을 자신들의 땅으로 되돌리기를 결심하며 그 내용을 선포하고 있는 키루스 왕의 칙령을 한자 한자 받아쓰고 있는 페르시아 제국 서기관의 모습을 상상해 볼 수도 있었다. 그리고 그 모든 역사의 현장들 뒤편에서 이것이 내가 쓴 진정한 말씀이라고 침묵 속에서 증언하고 계시는 하나님을 만날 수 있었다.

나는 이 책을 읽거나, 이 책의 도움을 받아 실제로 이 안에 수록된 유물들을 만나게 될 사람들에게 하나님께서 역사 속에 펼쳐 놓으신 진실에 대한 말없는 증언이 전달되기를 바란다. 내가 하는 수 편의 설교보다 하나님이 직접 말씀하시는 기회가 되기를 바라는 것이다. 좀더 욕심을 낸다면 전세계에 흩어져 있는 기독교 유물들을 대상으로 이런 작업들이 활발하게 진행되었으면 한다. 이 책이 그런 일에 한 작은 과정이었으면 하는 바람이다.

이 책을 내며 감사하고 싶은 분들이 있다. 이 박물관을 볼 수 있는 유학의 기회를 준 남포교회 박영선 목사님과 교우들, 그리고 이 글에 대한 아이디어와 소재를 담은 잡지 *SWORD & TROWEL*의 한국어 번역을 소개하고 연결시켜 준 런던 한인교회 김북경 목사님, 자료 정리를 위해 다시 영국을 찾았을 때 여러 편의를 도모해 준 친구 정홍진 집사, 그리고 번거로운 작업을 맡아 준 예영 편집실 여러분들이다.

이 책의 기본적인 구상은 The Metropolitan Tabernacle 신학교에서 해마다 행하고 있는 British Museum Bible tour에 참여할 때 갖게 되었으며, 이 책에 등장하는 고고학적 자료에 대한 설명들은 이 신학교에서 발행된 잡지 *SWORD & TROWEL* 1996·1997년도판의 "A Tour of Biblical Evidence in the British Museum"에서 인용했다. 이에 대한 인용과 번역이 사전에 허락받았음도 아울러 밝힌다.

찾아보기